Philostratos

Sport in der Antike

Philostratos

Sport in der Antike

Peri Gymnastikes / Über das Training

Zweisprachige Ausgabe

Übersetzt und Herausgegeben
von Kai Brodersen

marixverlag

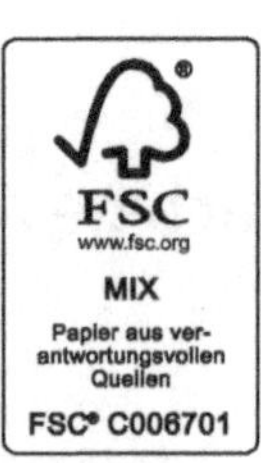

Bibliografische Information der Deutschen Nationalbibliothek
Die Deutsche Nationalbibliothek verzeichnet diese Publikation in der Deutschen Nationalbibliografie; detaillierte bibliografische Daten sind im Internet über http://dnb.d-nb.de abrufbar.

Covergestaltung: Network! Werbeagentur, München
Bildnachweis : Diskuswerfer, Römische Kopie nach Bronzeoriginal des Myron um 450 v. Chr. © akg-images / Pirozzi
Satz und Bearbeitung: Kai Brodersen, Erfurt
Der Titel wurde in der Myriad Pro gesetzt.
Gesamtherstellung: CPI books GmbH, Leck – Germany

ISBN: 978-3-7374-0961-2

www.verlagshaus-roemerweg.de

Inhalt

Einführung

Philostratos und sein Werk „Über das Training"

ἀγαθῇ τύχῃ. / δόγματι τῆς Ὀλυμπι/κῆς βουλῆς Φλ(άβιον) / Φιλόστρατον Ἀθη/ναῖον, τὸν σοφιστήν, / ἡ λαμπροτάτη πατρίς.
Mit gutem Glück! Auf Beschluss des Olympischen Rates (ehrt) den Flavius Philostratos von Athen, den Sophisten, die glanzvollste Heimat. (Inschriften von Olympia, Nr. 476)

In Olympia, am Ort der antiken Olympischen Spiele, ehrte mit dieser Inschrift die Stadt Athen einen ihrer großen Söhne: den Sophisten Flavius Philostratos. Wer war Philostratos?

Es liegt nahe, sich dieser Frage über die Einträge zu Philostratos in dem im 10. Jahrhundert zusammengestellten Lexikon, das unter dem Titel *Suda* bekannt ist, zu informieren, da die dortigen Angaben oft auf sonst verlorene antike Nachrichten zurückgehen. Allerdings sind die (auf S. 118/119 dieses Buches wiedergegebenen) Nachrichten zu Philostratos recht verworren. Der altertumswissenschaftlichen Forschung ist es dennoch weitgehend gelungen, die Angaben der *Suda* zu sortieren.

Autor des hier vorgelegten Werks war demnach der gelehrte Flavius Philostratos (um 170 – um 250 n. Chr.). Er stammte aus einer führenden Familie in Athen, die auch über Besitz auf der Insel Lemnos verfügte und gute Beziehungen zu den jeweiligen römischen Kaisern pflegte. Der junge Philostratos empfing seine philosophische und rhetorische Ausbildung zum „Sophisten" – zum Konzertredner, Lehrer und Autor – wohl vor allem (oder gar ausschließlich) in Athen. Wahrscheinlich hatte Philostratos später in Athen ein hohes Amt inne; jedenfalls nennen in Athen gefundene Inschriften aus dem ersten Jahrzehnt des 3. Jahrhunderts (Agora XV, Nr. 447–449) einen Lucius Flavius Philostratos als „für die Waffen zuständigen *Strategos*", also als Inhaber eines Amts, das seinem martialischen Titel zum Trotz seinerzeit vor allem die Lebensmittelversorgung in Athen überwachte.

Einer von Philostratos' Lehrern, Antipatros von Hierapolis, stand im Dienst des römischen Kaisers Septimius Severus (Kaiser 193–211); er war auch an der Ausbildung des Caracalla und des Geta beteiligt, der beiden Söhne dieses Kaisers und seiner Ehefrau Iulia Domna. Letztere hatte einen Kreis gebildeter Menschen um sich geschart, zu denen auch Philostratos selbst gehörte, insbesondere in der Zeit, als Caracalla seinem Vater als Kaiser nachgefolgt war (211–217). Nach der Ermordung des Caracalla und dem Selbstmord der Iulia Domna im Jahr 217 scheint Philostratos sich wieder in Athen als Sophist – also als Konzertredner, Lehrer und Autor – betätigt zu haben und schließlich, wie eingangs gesagt, als großer Sohn der Stadt geehrt worden zu sein. Eine im kleinasiatischen Erythrai erhaltene Inschrift nennt später u. a. seine Ehefrau Aurelia Meletine und seinen dort wirkenden Sohn Lucius Flavius Capitolinus (Inschriften von Erythrai, Nr. 63).

Von Philostratos sind bis heute mehrere Werke erhalten: Wohl vor oder in den 220er Jahren entstanden neben der hier vorgelegten Schrift „Über das Training" auch eine über Heroën (*Heroïkos*), wahrscheinlich danach im Auftrag der Iulia Domna eine Biographie des Apollonios von Tyana, zu nicht bestimmbarer Zeit ein Werk über Bildbeschreibungen (*Eikones*), Abhandlungen über Natur und Kultur (*Dialexeis*), eine Sammlung fiktiver Briefe (*Epistolai*), ein Epigramm und ein kurzer Dialog über Nero. Philostratos lebte vielleicht bis zur Mitte des 3. Jahrhunderts; wohl in den 240er Jahren beschrieb er die Leben der Sophisten (*Bioi Sophiston*), denen er sich selbst zugehörig fühlte.

Dass Philostratos ein Werk über das Training („*Gymnastikos* – über das, was in Olympia durchgeführt wird") geschrieben hatte, war bereits der *Suda* zu entnehmen; über die erst im 19. Jahrhundert erfolgte Wiederentdeckung dieses Werks und über deren Folgen für die Olympischen Spiele der Neuzeit werden wir weiter unten (S. 26-28) noch mehr erfahren.

Sport in der Antike

Sport für alle Griechen: Die vier panhellenischen Wettspiele

Unser Begriff „Sport“ ist erst seit dem 19. Jahrhundert üblich geworden, die Bewegungs-, Spiel- und Wettkampfformen aber, die man mit ihm beschreibt, sind schon in der Antike belegt. So waren in der griechischen Antike gleich an vier Orten – in Olympia, in Delphi, am Isthmos von Korinth und in Nemea – regelmäßig mehrtägige Kultfeste zu Ehren der jeweils verehrten Hauptgottheit mit Wettkämpfen verbunden, an denen Sportler aus der ganzen griechischen Welt teilnahmen; diese Wettkämpfe wurden deshalb auch als „panhellenisch“ („gesamtgriechisch“) anerkannt.

In *Olympia* in der Landschaft Elis auf der Peloponnes fanden der von den Eleern gepflegten (und auch aufgeschriebenen; s. § 2) Tradition zufolge erstmals 776 v. Chr. und seither alle vier Jahre Wettspiele zu Ehren des Hauptgottes Zeus statt; wir werden die „Olympien“, die Olympischen Spiele der Antike, gleich (S. 10-14) noch genauer betrachten. In *Delphi* wurden dem Mythos zufolge zur Erinnerung an den Sieg des dortigen Hauptgottes Apollon über den Drachen Python seit 586 v. Chr. ebenfalls alle vier Jahre die „Pythien“ durchgeführt. Das Apollon-Heiligtum von Delphi wurde von den „Amphiktyonen“ („Umwohnern“) kontrolliert, in klassischer Zeit einem Verbund, den zwölf griechische Stämme bildeten, die je zwei *Hieromnemones* („Heiligen-Erinnerer“) sowie einige *Pylagoroi* („Pylos-Versammler“) nach Delphi zur Aufsicht über das Heiligtum entsandten.

Während Olympien und Pythien alle vier Jahre stattfanden, wurden seit etwa 580 v. Chr. am *Isthmos* von Korinth für den Meeresgott Poseidon die „Isthmien“ und seit 573 v. Chr. in *Nemea* auf der Peloponnes für Zeus die „Nemeen“ jeweils alle zwei Jahre veranstaltet.

Teilnehmen konnten an den panhellenischen Wettspielen alle Sportler, die als freie Bürger dem griechischen Kulturkreis zugerechnet wurden. Um für alle Beteiligten die An- und Abreise zu sichern, galt für eine bestimmte Anzahl von Tagen vor, nach und auch während der Wettspiele eine *ekecheiria* („Händehebung"), eine Waffenruhe.

Diese vier genannten panhellenischen Wettspiele wurden schon seit dem 3. Jahrhundert v. Chr. unter dem Begriff *periodos* („Umlauf") zusammengefasst. Jeder Sportler, der mindestens einen Sieg bei allen vier Wettspielen erlangt hatte, erhielt den Ehrentitel *periodonikes* (*Periodos*-Sieger), vergleichbar dem heutigen Gewinner eines *grand slam*. Sechs- oder (nach anderen Zeugnissen) gar siebenfacher *periodonikes* war der wohl berühmteste Sportler der Antike: der Ringer Milon aus Kroton (einer Stadt in Unteritalien) im 6. Jahrhundert v. Chr. (vgl. etwa Herodot 3,137).

Olympische Spiele in der Antike: Die Sportarten

Nach einer (am Ende dieses Buches S. 114–119 wiedergegebenen) Zusammenstellung, die der griechische Autor Pausanias im 2. Jahrhundert n. Chr. in seiner „Beschreibung Griechenlands" (5,8,5-11) überliefert, gehörten zu den Olympischen Sportarten Wettläufe über verschiedene Distanzen (*Stadion, Diaulos, Dolichos*), *Pentathlon* („Fünfkampf"; s. u. S. 12), Ringen, Boxen, Pferderennen, Wagenrennen mit einem Viergespann, Pankration („Ganzbeherrschen"), Waffenlauf und Wagenrennen mit einem Zweigespann. Betrachten wir die von Sportlern durchgeführten Wettkämpfe genauer!

Der *Stadionlauf* galt einer Strecke von 600 Fuß (in Olympia etwa 192¼ m), eben der Länge des Stadions. Als Wettbewerb erwachsener Männer soll er bis zu den 13. Olympien der einzige Wettbewerb gewesen sein; seit 632 v. Chr. wurde er dann auch für Knaben durchgeführt und blieb durchgehend auch eine Disziplin des *Pentathlon.*

Der nach dem *Diaulos* (der „Doppelflöte") benannte *Doppellauf* umfasste zwei Stadionlängen, bei denen man die zweite Hälfte nach einer 180-Grad-Wendung um Pfosten am Stadionende lief; um Nachteile für die außen startenden Läufer zu vermeiden, wenn es nur einen Pfosten gab, wurden bei dieser Distanz für jede Laufbahn eigene Wendepfosten verwendet.

Der *Dolichos* genannte *Langstreckenlauf* ging wahrscheinlich über 20 Stadionlängen (etwa 3 845 m); diese Distanz, bei der sich das Feld der Läufer rasch entzerrte, erlaubte es, an beiden Enden der Laufbahn nur je einen Wendepfosten einzusetzen.

520 v. Chr. wurde in das Programm der Olympischen Spiele schließlich noch der *Waffenlauf* aufgenommen: Zunächst liefen die Sportler in der vollen Rüstung eines Hopliten, eines schwerbewaffneten Kriegers mit Helm, Beinschienen und Rundschild; später wurde der Umfang der Rüstung reduziert, bis nurmehr der Schild zu tragen war.

Ringen ist als Wettkampf bereits bei Homer belegt (Ilias 23,635 und 700-739; Odyssee 8,126-127). In Olympia wurde es als Einzeldisziplin sowohl der Männer als auch der Knaben wie auch als Teil des Pentathlon (s. u. S. 12) ausgetragen. Die Sportler kämpften auf aufgelockertem Lehmboden (*skamma*). Wer den Gegner dreimal niedergeworfen hatte, war Sieger. Ein hohes Gewicht erhöhte die Siegeschancen, da es zwar – von Philostratos nicht erwähnte – Altersklassen (Männer und Knaben), nicht aber Gewichtsklassen gab. Erfolgreichster Ringer der griechischen Antike war der schon (S. 10) erwähnte Milon aus Kroton.

Auch das *Boxen* nennt bereits Homer (Ilias 23,651-699). Während im Training wegen der Verletzungsgefahr später gepolsterte Fausthandschuhe und Kopfschutz eingesetzt wurden und ein *Korykos* (ein mit Sand, Mehl oder Feigenkernen gefüllter Stoßsack) genutzt wurde, schlugen im Wettbewerb die mit *Himantes* (Riemen, die um die Faust, später auch um den Unterarm gewickelt wurden) versehenen Kämpfenden ohne zeitliche Begrenzung so lange aufeinander ein, bis einer kampfunfähig wurde oder aufgab. Auch beim Boxen, bei dem – anders als heute – auch Fußtritte erlaubt waren (s. § 34), gab es keine Gewichtsklassen, weshalb schwere Kämpfer meist im Vorteil waren.

Beim *Pankration* („Ganzbeherrschen"), bei dem es darum ging, den Gegner „ganz zu beherrschen", waren außer Beißen und Krallen alle Mittel erlaubt. Faustriemen wurden nicht eingesetzt und der Wettkampf wurde nicht nur im Stehen, sondern auch im Wälzen auf dem Boden durchgeführt.

Das Ringen und das Pankration fanden auf Staub oder Sand statt. Die Sportler ölten sich mit Olivenöl ein und bestreuten sich dann mit dem Pulver. Wer einen Wettkampf *akoniti*, „staublos", gewann, hatte ohne diese Prozedur, also kampflos gewonnen, weil es niemand mit ihm aufnehmen wollte. Zum Abschaben überschüssiger Öl- und Staubschichten verwendete man ein *stlengis* genanntes, sichelförmiges Schabeisen, das bald ein Attribut der Ringer und Pankratiasten und ihrer Trainer wurde.

Das *Pentathlon* („Fünfkampf"), der wohl erste Mehrkampf der Sportgeschichte, wurde in Olympia der Tradition zufolge seit 708 v. Chr. für Männer durchgeführt. Der Wettkampf bestand aus den Diziplinen Laufen und Ringen, die wir bereits besprochen haben, sowie aus Diskos, Weitsprung und Speerwurf. Während die Quellen zu den fünf Disziplinen im Pentathlon ein recht einheitliches Bild ergeben, sind die Angaben zur Durchführung, zur Reihenfolge der Einzelkämpfe und zur Siegerermittlung so vielfältig, dass bisher in der Forschung keine unumstrittene Deutung vorgelegt werden konnte.

Der *Diskos*, eine Wurfscheibe aus Metall (gelegentlich auch aus Stein) mit einem Durchmesser zwischen 17 und 32 cm und einem Gewicht von 4 bis 5 kg wurde in die Weite geschleudert. Die antiken Zeugnisse ermöglichen keine klare Aussage zur Wurftechnik: So ist unbekannt, ob ein Pendelschwung durchgeführt wurde oder ob (wie bei der heutigen Sportart) dem Wurf eine Drehung vorausging.

Der Weitsprung wurde wohl als fünffacher kontinuierlicher Sprung aus dem Stand von einem Absprungbalken (*bater*) in aufgelockerten Boden (*skamma*; s. S. 11) im Stadion ausgeführt („über das *skamma* hinaus" zu springen wurde sprichwörtlich für Leute, von denen wir heute sagen, dass sie über das Ziel hinausschießen). Unterstützt wurden die Sportler durch *Aulos*-Bläser (Flötenspieler) und zu größeren Weiten befähigt durch *Halteres*

(Sprunggewichte) aus Blei, Bronze oder Stein, die zwischen 1 und 4½ kg wogen.

Beim *Speerwurf* schleuderte man den aus Holz gefertigten Speer mittels einer am Schaft angebrachten Wurfschlinge, in die man beim Abwurf Zeige- und/oder Mittelfinger steckte. Der Speer wurde so beim Abwurf in Rotation versetzt, was eine stabilere Flugbahn und damit eine größere Weite ermöglichte.

Neben diesen Disziplinen gab es, wie wir oben (S. 10) gesehen haben, in Olympia weitere Wettbewerbe, etwa im Pferde- und Wagenrennen. Nicht zu den olympischen Sportarten gehörten hingegen u. a. das Schwimmen (das man nur für die individuelle Fitness nutzte, s. § 43), der Staffel- oder gar der Fackellauf, der nur für andere antike Wettspiele (darunter die Panathenaia in Athen) belegt ist, aber im Zusammenhang mit den Olympischen Spielen der Neuzeit erst im 20. Jahrhundert aufkam. Mannschaftswettbewerbe kannte man bei den von Knaben und Männern durchgeführten antiken Olympischen Spielen nicht, und auch Frauen waren als Sportlerinnen nicht zugelassen.

Olympische Spiele in der Antike: Die Durchführung

Über eine fast unumschränkte (und mit einem purpurroten Gewand auch symbolisierte) Autorität bei den Olympischen Spielen verfügten die *Hellanodikai* („Griechenrichter"; bei den Pythischen Spielen hießen sie „Amphiktyonen", s. S. 9): Sie hatten die Teilnahmeberechtigungen und Qualifikationen der Sportler zu prüfen, waren für die Einteilung der Wettkampfteilnehmer (und Pferde) in die Altersklassen Knaben und Männer (sowie Fohlen und ausgewachsene Pferde) zuständig, fungierten als Aufseher und Kampfrichter, hatten auf die Einhaltung der als *Nomoi* („Satzungen") bezeichneten und auch von ihnen nicht veränderbaren Wettkampfregeln zu achten und waren für die Zuerkennung von Preisen, die Bestrafung von sportlichen und anderen Vergehen und die Führung der Siegerlisten verantwortlich.

Waren die *Hellanodikai* am Purpurgewand erkennbar, konnte man die Trainer (*Gymnastai*) an ihrem *Tribon* identifizieren, einem einfachen Mantel aus Wollstoff; in Olympia freilich sollen sie Philostratos (§ 17) zufolge nackt gewesen sein. Nur ein *Himation*, ein leichtes Obergewand, trugen hingegen die Übungsleiter (*Paidotribeis*, wörtlich „Knabenschinder"), die für die sportliche Ertüchtigung der Knaben und später auch der Epheben (s. u.) zuständig waren. Sie konnte man oft auch an ihrem Stock und ihrer gegabelten Rute erkennen, mit der sie ihre Schüler gegebenenfalls auch züchtigen konnten. Die Sportler selbst traten der Tradition zufolge nackt (griechisch *gymnos*) an.

Ein Sieg in Olympia wurde gefeiert und galt in den Dichtungen auf die Sieger als das Höchste, was ein Mensch erreichen kann; der Ruhm lebte in Statuen der und Oden auf die Sieger fort – und das bis in unsere Zeit: Trotz des großen Verlusts antiker Quellen über Jahrhunderte, ja Jahrtausende, ist fast ein Viertel aller Sieger bei den Olympischen Spielen der Antike noch heute namentlich bekannt.

Sport in den Poleis

Auch außerhalb der panhellenischen Spiele wurde Sport getrieben, vor allem in den *Poleis*, den Städten, die über ein *Gymnasion* verfügten, eine öffentlichen Anlage für sportliche und musische Freizeitaktivitäten. Der Begriff leitet sich von *gymnos* („nackt") ab, da die Sportler ja unbekleidet antraten. Fast als Synonym wird seit der nachklassischen Zeit der Begriff *Palaistra* („Ringkampf-Stätte") verwendet, der zunächst den funktional bestimmten Teil eines *Gymnasion* – nämlich einen Hof mit einem in der Mitte gelegenen Sandplatz für die Ringer und für die Pankratiasten – bezeichnete, später die ganze Einrichtung.

Bei den Altersstufen unterschied man zwischen Knaben, Epheben und Männern. Als „Epheben" wurden männliche Jugendliche in der Pubertät zwischen Kindheit und Mannesalter – etwa zwischen 12 und 18 Jahren – bezeichnet. Der biologischen entsprach dabei auch eine soziale Phase, an deren Ende der Jugendliche zum volljährigen Mann geworden war, als rechtsgültig heirats- und vermögensfähig galt und die kultischen und politischen Rechte und Pflichten des *Polis*-Bürgers erhielt.

Mädchensport wurde – wie Philostratos (§ 27) ausdrücklich notiert – nur im paramilitärisch organisierten Sparta praktiziert.

Berühmte Sportler

Vom Ruhm des Ringers Milon aus Kroton war schon oben (S. 10) die Rede: Auch viele Jahrhunderte nach seinen Leistungen sprach man – und spricht Philostratos (§ 1) – über ihn, ohne auf die zeitliche Distanz zu verweisen. Überhaupt sind viele von Philostratos' Angaben zu erfolgreichen Sportlern – zu Ringern wie eben Milon oder wie Hipposthenes, Maron oder Mys, zu Boxern wie Glaukos oder zu Pankration-Kämpfern wie Poulydamas und Promachos – gewissermaßen überzeitlich: Zu den von ihm genannten berühmten Sportlern aus der Vergangenheit gibt er in der Regel nicht mehr als Namen und Herkunft an, nur in einem Fall – bei Poulydamas – bietet er (§ 22) mit der Nennung des Ochos, also des Perserkönigs Dareios II. Ochos (423-405 v. Chr.), einen Hinweis auf den historischen Kontext einer besonderen Leistung.

Von dem bei Philostratos (§ 46 und im *Heroïkos* 15,8) erwähnten Pankratiasten Helix aus Phoinikia wissen wir nicht aus Philostratos, sondern erfahren durch eine Angabe bei dem römischen Historiker Cassius Dio (79,10,2-3), dass er einen spektakulären Sieg bei den Kapitolinischen Spielen in Rom zur Zeit des Kaisers Elagabal (218-222 n. Chr.) errang, also zur Lebenszeit des Philostratos. Helix ist übrigens wohl auch auf einem erhaltenen Bodenmosaik in einem römischen Haus aus dem 3. Jahrhundert n. Chr. in Ostia bei Rom als Boxer dargestellt – offenbar wollte der Hausbesitzer seinen Lieblingssportler stets im Blick haben!

Mythos und Geschichte

Philostratos setzt bei seiner Leserschaft auch eine Vertrautheit mit einigen griechischen Mythen und ein paar Grundtatsachen der griechischen Geschichte voraus, die wir hier noch kurz vorstellen wollen, um einer heutigen Leserschaft eine genussreiche, weil wohlinformierte Lektüre zu ermöglichen.

An der Spitze der griechischen Götter steht der Göttervater Zeus, den Philostratos auch selbst (§ 1 und 16) anruft. Von Zeus' Söhnen nennt er den Götterboten Hermes, den Herakles, dessen zwölf Heldentaten der Leserschaft sicher vertraut waren, sowie (unter seinem Beinamen „Enyalios") den Kriegsgott Ares. Prometheus soll dem Mythos zufolge den Göttervater Zeus beim Opfer betrogen haben, der zur Strafe den Menschen das Feuer verweigerte; Prometheus entwendete es und brachte es seinen Schützlingen, die nach einer (auch von Philostratos § 16 vorausgesetzten) Mythenvariante sogar seine Geschöpfe sind.

Mehrfach spielt Philostratos auf den Mythos vom Zug der Argonauten an: Diese auf dem Schiff „Argo" segelnde Gruppe von Helden um König Iason sucht in Kolchis am Ostufer des Schwarzen Meers das Goldene Vlies zu erlangen. Zu den am Argonautenzug Beteiligten gehörten auch Lynkeus, der über eine übermenschliche Sehkraft verfügte, die „Boreaden", die Söhne des Windgottes Boreas, sowie Peleus und Telamon, Söhne des Königs Aiakos. Telamons Sohn Aias war dem Mythos zufolge am Krieg um Troia beteiligt; der Argonautenzug lag in der Mythenchronologie nämlich vor dem Troianischen Krieg. Aus der Mythologie Athens nennt Philostratros den mythischen Gründer Theseus, der durch seinen Kampf gegen den Minotauros bekannt war, aus der Spartas Lykourgos, der die Mischverfassung der Stadt begründet haben soll, und aus der Thebens die „Sieben gegen Theben" um Polyneikes, den Sohn des Oidipus (Ödipus).

An historischen Ereignissen führt Philostratos die Auseinandersetzung der Griechen mit den Persern im 5. Jahrhundert v. Chr. an, die in den Schlachten bei Marathon 490 v. Chr., an den Thermopylai 480 v. Chr. und bei Plataiai in Boiotien 479 v. Chr. gipfelten. Auch wenn diese Ereignisse zu Philostratos' Zeit schon sieben Jahrhunderte zurücklagen, gehören sie bei ihm und seiner Leserschaft offenbar zum unabdingbaren historischen Grundwissen.

Der Trainer: Zwischen Mediziner und Übungsleiter

In seinem Werk „Über das Training" betont Philostratos (§ 14-15), dass ein Trainer auch die für seine Aufgaben relevanten Elemente von medizinischem Wissen benötigt, nicht aber deren Gesamtheit oder gar das Spezialwissen einzelner medizinischer Disziplinen; ohne den Namen des bedeutenden Mediziners Galenos (2. Jahrhundert n. Chr.) zu nennen, setzt er sich dabei implizit immer wieder mit dessen Ansichten auseinander.

Säftelehre und Temperament

Eine antike, auch bei Philostratos greifbare medizinische Grundüberzeugung war, dass ein Zusammenhang zwischen der Gesundheit des Menschen und seinen Körperflüssigkeiten, den „Säften" besteht. Als Hauptsäfte beim Menschen galten *Phlegma* (Schleim), *Haima* (Blut, lateinisch *sanguis*), *Chole* (Galle) und die *Melaina Chole* (Schwarze Galle). Insbesondere Galenos gründete seine medizinische Theorie auf die Viersäftelehre: Ein Übermaß an einem Saft galt als schädlich und führte zu den Eigenschaften, die wir noch heute (unter Aufnahme der antiken Begriffe) als „phlegmatisch", „sanguinisch", „cholerisch" und „melancholisch" bezeichnen.

Das individuelle Mischverhältnis der vier Säfte bezeichnete man als *Krasis* („Mischung", lateinisch *temperamentum*); noch heute spricht man vom „Temperament" einer Person. Das *Pneuma* schließlich („Wehen", daher „Wind" und „Atem") bezeichnete den Atem als Lebensprinzip des Menschen.

Physiognomik: Diagnose aus der Gestalt und aus dem Gesicht

Für die Diagnose von Personen nutzte man auch die Physiognomik. Dieser Wissenszweig versuchte, durch die Beobachtung von körperlichen Merkmalen und von Verhaltensweisen eine Einschätzung der Persönlichkeit und des Charakters eines Menschen zu erlangen. Die Physiognomik galt als Erfindung von Pythagoras und von Hippokrates (5. Jahrhundert v. Chr.), mit dessen Schriften sie kodifiziert und später in der Schule des Aristoteles (4. Jahrhundert v. Chr.) formalisiert wurde. Der eben schon genannte Mediziner Galenos schließlich schuf mit dem Verweis darauf, dass die Physiognomik ebenso wie die medizinische Diagnostik von Zeichen ausgehe, um die Ursachen zu erfassen, eine theoretische Legitimation dieser Methode.

In der zoologischen Physiognomik verglich man die erfassten Merkmale eines Menschen mit denen einer Tierart, die man für unveränderlich hielt (s. § 2). Die Qualitäten der Tierart wurden auf die mit ihr verglichene Person übertragen (§ 37-40); analog gab es auch ethnologische Physiognomik mit dem Vergleich zu *ethne*, Volksstämmen.

Die medizinisch-psychologische Physiognomik schließlich beruhte auf der Überzeugung, dass die Seele körperliche Erscheinungen beeinflusse und dass den Augen und dem Gesicht dabei besondere Bedeutung zukomme (§ 25).

Trainer und Übungsleiter

War der Trainer an dem einen Rand seines Wissensbereichs den Medizinern nahe, war er am anderen von den Übungsleitern zu unterscheiden. Diese schon oben (S. 14) genannten *Paidotribeis* waren die im schulischen Sportunterricht tätigen Übungsleiter. Was einer von ihnen seinen Schülern zugerufen haben mag, veranschaulicht ein Text, den man auf einem Papyrus aus dem 2. Jahrhundert n. Chr. im ägyptischen Ort Oxyrhynchos gefunden hat. Er bietet eine Anleitung für das Ringen, die in der Kürze der Kommandos für uns zwar nur schwer zu entschlüsseln ist, für den Übungsleiter und seine Schützlinge aber sicher gut verständlich war:

> παράθες τὸ μέσον καὶ ἐκ κε/φαλῆς τῇ δεξιᾷ πλέξον· /
> σὺ περίθες· σὺ ὑπ αὐτὴν ὑπọ́/λαβε· σὺ διαβὰς πλέξον· /
> σὺ ὑπόβαλε τὴν δεξιάν[· σ]ὺ / εἰς ὃ ὑποβάλλει περι̣[θεὶ]ς / κατὰ πλευροῦ τὸν εὐ[ώ]νυ/μον βάλε· σὺ ἀπόβαλε τ̣ῇ εὐ/ωνύμῳ̣· σὺ αὐτὸν μεταβὰς / πλέξον·
> σὺ μεταβαλοῦ· σὺ κα/τὰ τῶν δύο πλέξον· …
> Geh neben ihn und nimm ihm vom Kopf mit deinem rechten Arm. Auf gehts!
> Du, geh um ihn herum. Du, greif ihn von unten. Du, tritt hindurch. Auf geht's!

Du, geh unter seinen rechten Arm. Du, geh um den Arm herum, unter dem du bist, und hake dein rechtes Bein auf seine Flanke. Du, wirf ihn über dein rechtes Bein. Du, steige hindurch. Auf geht's! Du, dreh dich um. Du, greife beide (?). Auf geht's! ...

(P. Oxy III 466, col. ii)

Es geht ganz offenbar um Anweisungen für Ringergriffe, nicht um ein Trainingsprogramm. Ein solches zu entwerfen und zu überwachen war auch gar nicht Sache des Übungsleiters, sondern Aufgabe des Trainers, der eben nicht nur die Griffe beherrschen, sondern über weitere Kenntnisse – einschließlich medizinischer Grundlagen – verfügen musste.

Das Werk des Philostratos behandelt jedenfalls die Aufgaben des Trainers als die eines Gebildeten, der die einschlägigen Teile des Wissens eines Mediziners ebenso wie die eines Übungsleiters in sich vereint und den von ihm betreuten Sportlern zugute kommen lässt.

Und während Philostratos angibt, wie ein Trainer bei seinen Sportlern erkennen kann, ob sie Geschlechtsverkehr hatten (und ihnen dann vom Sex abraten muss, s. § 52), konnte man Anleitungen eines Übungsleiters auch mit (homo)sexuellen Untertönen versehen, so der im 2. Jahrhundert n. Chr. wirkende Dichter Straton aus Sardeis:

ἢν τούτῳ φωνῇς, τὸ μέσον λάβε καὶ κατακλίνας
    ζεύγνυε καὶ πρώσας πρόσπεσε καὶ κάτεχε. –
οὐ φρονέεις, Διόφαντε· μόλις δύναμαι γὰρ ἔγωγε
    ταῦτα ποιεῖν· παίδων δ' ἡ πάλη ἔσθ' ἑτέρα. –
ὀχλοῦ καὶ μένε, Κῦρι, καὶ ἐμβάλλοντος ἀνάσχου·
    πρῶτον συμμελετᾶν ἢ μελετᾶν μαθέτω

Möchtest du *den* hier, so fass in der Mitte ihn, drück ihn herunter,
    setze ans Loch ihn und stoß, schiebe jetzt, halte dann fest! –
Nein, Diophantos, da redest du Unsinn. Das kann ich kaum machen.
    Ringkampf für Knaben verlangt Griffe von anderer Art. –
Stemme dich fest, mein Kyris, und lasse mich eindringen, bitte!
    Dulde die Übung zuerst, führe sie selber dann aus!

(Anthologia Palatina 12, 206, Übers. nach Dietrich Ebener)

Maße, Gewichte, Geld, Darlehen – und Bestechung

Philostratos verweist wiederholt auf antike Maßeinheiten – auf den Fuß (ca. 30 cm), auf die Elle (1½ Fuß, ca. 45 cm) und auf das Stadion (600 Fuß, ca. 180 m) sowie auf die Drachme (ca. 4,4 g), eine Gewichts- und Währungseinheit, die angesichts des ganz unterschiedlichen Preisgefüges in der Antike nicht sinnvoll in moderne Einheiten umgerechnet werden kann.

Geld spielt für Philostratos im Sport eine große Rolle; so schildert er einen Fall von Bestechlichkeit eines Ringers (45) – was offenbar kein Einzelfall war, denn 2014 wurde ein auf einem Papyrus aus Oxyrhynchos (s. o. S. 18) erhaltener Text aus dem 3. Jahrhundert n. Chr. publiziert, der einen Vertrag zwischen Ringern bewahrt, von denen einer gegen Geld seine eigene Niederlage zu bewerkstelligen verspricht (P. Oxy LXXIX 5209).

In demselben Zusammenhang vergleicht Philostratos die Darlehen, die Trainer ihren Schützlingen geben, mit „Seedarlehen". Diese Kreditverträge wurden zwischen einem Geldgeber und einem Schiffseigner oder Händler meist jeweils für eine Schifffahrtssaison und in der Regel nur für eine Hin- oder Hin- und Rückfahrt abgeschlossen. Vertragsgegenstand war eine Geldsumme, für die das Schiff, die Ladung, andere Waren oder aber der Landbesitz des Schuldners als Sicherheit dienten. Ging das Schiff unter oder die Ladung verloren, musste der Schuldner dem Geldgeber nichts zurückzahlen; letzterer trug also alleine das Risiko der Handelsreise, was einen hohen Zinssatz rechtfertigte (die Gerichtsrede des Demosthenes gegen Lakritos aus der Zeit um 340 v. Chr. belegt 22,5 %!). Daher wurden Seedarlehen geradezu ein Musterbeispiel für sehr hohe Zinsen.

Wir sehen: Philostratos' Werk „Über das Training" ist eine hochinteressante Quelle für den antiken Sport und für die Kulturgeschichte des Altertums überhaupt. Bevor wir es aber selbst lesen, wollen wir noch seinen Einfluss auf die Olympischen Spiele der Neuzeit erkunden!

Philostratos und die Olympischen Spiele der Neuzeit

Das Ende der Olympische Spiele der Antike

Die Olympischen Spiele haben die Menschen immer wieder begeistert – in der Antike, wo sie 776 v. Chr. in Olympia auf der Peloponnes in Griechenland begründet wurden (s. o. S. 9), ebenso wie heute. Noch aus dem 4. Jahrhundert n. Chr. ist durch eine Inschrift eine Liste der Sieger bei den Olympien erhalten!

Die Tradition der alle vier Jahre in Olympia durchgeführten Spiele endete freilich in der Spätantike. In seiner Weltgeschichte, die mit der biblischen Schöpfungsgeschichte beginnt und bis in seine Zeit reicht, schreibt der byzantinische Historiker Georgios Kedrenos im 11. Jahrhundert:

> ἐν τούτοις ἥ τε τῶν Ὀλυμπιάδων ἀπέσβη πανήγυρις, ἥτις κατὰ τετραετῆ χρόνον ἐπετελεῖτο. ἤρξατο δὲ ἡ τοιαύτη πανήγυρις ὅτε Μανασσῆς τῶν Ἰουδαίων ἐβασίλευσε, καὶ ἐφυλάττετο ἕως τῆς ἀρχῆς αὐτοῦ τοῦ μεγάλου Θεοδοσίου.
> In dieser Zeit endete auch die Festversammlung der Olympiaden, die alle vier Jahre stattgefunden hatte. Begonnen hatte diese Festversammlung, als Manasses König der Juden war, und bewahrt wurde sie bis zur Herrschaft eben dieses großen Theodosios.
> (Kedrenos I p. 573 Bekker)

Unter Theodosios I., der von 379 bis 395 n. Chr. römischer Kaiser war, endeten also die Olympischen Spiele wohl 393 n. Chr. Später verfielen das Heiligtum und die Wettkampfstätten in Olympia.

Wie kam es zur Wiederbegründung der Olympischen Spiele in der Neuzeit? Und welche Rolle spielte dabei Philostratos' Werk „Über das Training"?

Ludwig I. von Bayern und Otto I. von Griechenland

1810, am 12. Oktober, heiratete der bayerische Kronprinz, der Wittelsbacher Ludwig (1786–1868), Prinzessin Therese von Sachsen-Hildburghausen. Zum Ende der fünf Tage währenden Hochzeitsfeierlichkeiten richtete der Münchener Kaufmann, Bankier und Major der Kavallerie bei der königlich bayerischen Nationalgarde Andreas Michael Dall'Armi (1765–1842) auf einer Wiese vor den Stadtmauern Münchens ein großes Pferderennen aus. Auf der bald nach der königlichen Braut benannten Theresienwiese begründete Dall'Armi damit die Tradition eines „Oktoberfestes", das bald vor allem ein Zentrallandwirtschaftsfest (und erst anderthalb Generationen später ein Bierfest) werden sollte. Es wurde mit Volksbelustigungen angereichert, etwa dem beliebten „Baumsteigen", bei dem Burschen um die Wette einen Mast emporklettern mussten.

Ludwig und Therese sollten neun Kinder miteinander haben, darunter Maximilian (1811–1864), der seinem Vater – seit 1825 als Ludwig I. bayerischer König – 1848 als König Maximilian II. nachfolgte, und Otto (1815–1867). Schon als Kronprinz und später als König begeisterte sich Ludwig für die griechische Antike (das „y" im zuvor „Baiern" geschriebenen Bayern soll auf diese Vorliebe zurückgehen). Als „Philhellene" („Griechenfreund") unterstützte er aus seinem privaten Vermögen den Kampf der Griechen gegen die osmanische Herrschaft, der am 25. März 1821 mit einem Volksaufstand begann (bis heute ist dieser Tag der griechische Nationalfeiertag) und der viele junge Griechen nicht nur im einstigen Hellas, sondern in der ganzen Welt zu seinen Unterstützern zählen konnte. 1827 beschlossen die Mächte Russland, Frankreich und Großbritannien im „Londoner Vertrag", die Aufständischen militärisch zu unterstützen, drei Jahre später wurde Griechenland im „Zweiten Londoner Protokoll" zum souveränen Königreich erklärt, und 1833 wurde auf Vorschlag dieser Mächte der damals noch minderjährige bayerische Prinz Otto zum König Griechenlands gewählt (noch heute sind die Farben der griechischen Nationalflagge das wittelsbachisch-bayerische Weiß–Blau), der – zwei Jahre später volljährig geworden – als König Otto I. den Thron bestieg und ihn bis 1862 innehaben sollte.

Zeugnisse für die Olympischen Spiele der Antike: Archäologie und Literatur

Nicht nur die Einsetzung eines Königs sollte für den jungen Staat Griechenland gemeinschaftsstiftend wirken, sondern auch das Bemühen um die Wiederherstellung einer griechischen Identität durch Rückbezug auf die griechische Antike. Dies führte schon bald zu Vorschlägen, die aus den antiken Zeugnissen bekannten Olympischen Spiele wiederzubeleben.

Von den Resten des antiken Austragungsortes auf der Peloponnes wusste man durch Ausgrabungen, die Frankreich 1829 nach dem militärischen Eingreifen zugunsten des griechischen Volksaufstands durch eine vom *Institut de France* geleitete „Expédition scientifique" hatte durchführen lassen; binnen weniger Wochen war der Zeus-Tempel von Olympia weitgehend freigelegt worden. Neun Jahre späte besuchte der junge Archäologe Ernst Curtius (1814–1896) den Ort, der ihn nicht mehr los ließ: 1852 regte er in einem weithin beachteten Vortrag in Berlin an, die weiteren Reste des antiken Olympia systematisch zu erforschen - doch erst mehr als zwei Jahrzehnte später, 1875–1881, sollte er dann die Ausgrabungen der Stätte leiten, an der in der Antike die Olympischen Spiele durchgeführt worden waren.

Orientierung über die Tradition dieser Spiele suchte man einstweilen vor allem in der antiken Literatur; allerdings war keine zusammenhängende Darstellung des antiken Sports erhalten, so dass man auf einzelne Nachrichten angewiesen war. So findet sich zum Beispiel bei dem griechischen Autor Lukianos von Samosata (2. Jahrhundert n. Chr.) im Dialog des Skythen Anacharsis mit dem weisen Athener Solon eine Angabe zum Diskos-Wurf. Anacharsis wundert sich über die griechischen Gebräuche; Solon sagt ihm:

> εἶδες δὲ καὶ ἄλλο τι ἐν τῷ γυμνασίῳ χαλκοῦν περιφερές, ἀσπίδι μικρᾷ ἐοικὸς ὄχανον οὐκ ἐχούσῃ οὐδὲ τελαμῶνας, καὶ ἐπειράθης γε αὐτοῦ κειμένου ἐν τῷ μέσῳ καὶ ἐδόκει σοι βαρὺ καὶ δύσληπτον ὑπὸ λειότητος. ἐκεῖνο τοίνυν ἄνω τε ἀναρριπτοῦσιν εἰς τὸν ἀέρα καὶ εἰς τὸ πόρρω, φιλοτιμούμενοι ὅστις ἐπὶ μήκιστον ἐξέλθοι καὶ τοὺς ἄλλους ὑπερβάλοιτο.

> Du hast im Gymnasion auch ein anderes rundes Stück Erz gesehen, das einem kleinen Schild ohne Halter oder Riemen ähnelt; du hast es, weil es vor dir lag, ausprobiert, und es schien dir schwer und wegen seiner Glätte nicht leicht zu fassen. Diese Scheibe nun werfen sie in die Luft und in die Ferne und treten in den Wettbewerb darum, wer sie am weitesten bringen und die anderen übertreffen kann. (Lukianos, Anacharsis 27)

Auch konnte man der Beschreibung Griechenlands von Lukianos' Zeitgenossen Pausanias eine Zusammenstellung der Olympischen Sportarten entnehmen (die einschlägige Passage aus jenem Werk ist auf S. 114-119 dieses Buches wiedergegeben). Von einer im Altertum erstellten Gesamtdarstellung des antiken Sports wusste man aber nur aus dem im 10. Jahrhundert zusammengestellten *Suda*-Lexikon, dessen hier allerdings recht verworrenen Angaben zufolge (sie sind ebenfalls am Ende dieses Buches S. 1118/119 abgedruckt) Philostratos ein Werk mit dem Titel *Gymnastikos* verfasst habe – doch war dieses Werk des Philostratos bis auf wenige Reste verloren.

So bildeten die verstreuten literarischen Zeugnisse, die über den antiken Sport erhalten waren, die Grundlage für mehrere Arbeiten des in Halle wirkenden Altphilologen Johann Heinrich Krause (1800–1882): „Theagenes oder Wissenschaftliche Darstellung der Gymnastik, Agonistik und Festspiele der Hellenen" (1835), „Olympia oder Darstellung der grossen olympischen Spiele" (1838) und „Die Gymnastik und Agonistik der Hellenen" (1841). Krause versuchte, aus den disparaten Zeugnissen eine konsistente Darstellung zu schaffen, und der Heidelberger Philologe Carl Ludwig Kayser (1808–1872) fasste 1840 erstmals die Reste von Philostratos' Werk „Über das Training" zusammen.

Ein aus handschriftlich beschriebenen Pergamentbögen zusammengestellter *Codex* (Band) aus dem frühen 12. Jahrhundert (er wird in der *Biblioteca Medicea Laurenziana* in Florenz als *Codex Laurentianus LVIII 32* bewahrt) bietet nämlich den Schluss eines griechisch geschriebenen Werkes über das Training, und ein anderer *Codex* (der in der *Bayerischen Staatsbibliothek* in München bewahrte *Codex Monacensis gr. 242* aus der zweiten Hälfte des 15. Jahrhunderts) überliefert die Kurzfassung eines verwandten Textes, die sich am Ende mit dem Text des *Codex Laurentianus* überschneidet. Beide *Codices* enthalten jeweils weitere Texte, die dem Philostratos zugeschrieben sind, so dass man auf diesen Autor als Urheber auch der Texte zum Sport in diesen *Codices* schließen konnte. Ferner finden sich in spätantiken Erläuterungen zu Werken des großen Philosophen Platon, in den sogenannten *Scholia vetera*, Zitate aus einer Abhandlung, die (in einer Anmerkung zum Begriff *pankratiastes* in Platons *Politeia I 338c*) als *peri gymnastikes* des Philostratos genannt wird bzw. (zum Begriff *dolichodromoi* in Platons *Protagoras* 335e) ungenannt bleibt. Die Fragmente aus beiden *Codices* und die Zitate aus den *Scholia* also stellte Kayser in seiner Edition von 1840 zusammen – mehr als diese Bruchstücke von Philostratos' Werk „Über das Training" kannte man bis in die 1840er Jahre nicht.

Olympische Spiele in München 1850

Die neu zugänglich gemachten Ergebnisse zu den archäologischen und vor allem den literarischen Quellen für die antiken Olympischen Spielen fanden einige öffentliche Beachtung. Der antikenbegeisterte König Ludwig I. hatte oberhalb der Theresienwiese in München 1843 eine im Stil einer antiken Tempelanlage gestaltete Ruhmeshalle in Auftrag gegeben, vor der eine 18½ m hohe Großfigur der „Bavaria" stehen sollte. Im Oktober 1850, vierzig Jahre nach der Begründung des Oktoberfestes, berichtete dann die „Allgemeine Zeitung":

> München, 8. Oktober. Morgen endlich um Mittag findet mit Bestimmtheit die feierliche Enthüllung der „Bavaria" samt dem hiezu veranstalteten Festzuge der Kunst- und Gewerbetreibenden unter Anwesenheit Sr. Maj. des Königs Ludwig statt. Hoffentlich wird, nach heute zu schließen, das Wetter uns die Freude nicht abermals verderben, denn diesen Nachmittag konnten bei milder Temperatur und Sonnenschein auf der Theresienwiese, vor vielen Tausenden von Zuschauern, die von dem Turnlehrer Gruber arrangirten und von Handwerksgesellen aufgeführten „olympischen Spiele" abgehalten werden. ... Bei den heutigen Manövern war König Otto anwesend.
>
> („Allgemeine Zeitung" Augsburg, 9. Oktober 1850, S. 4498)

Der Bericht ist in mehr als einer Hinsicht bemerkenswert: Ludwig I., zu dessen Eheschließung das Oktoberfest 1810 erstmals durchgeführt worden war und der 1850 sein 25-jähriges Thronjubiläum hätte feiern können, wird hier zwar als König genannt – doch hatte er im Zusammenhang mit den Unruhen von 1848 (und nicht zuletzt wegen seiner Affäre mit der Tänzerin Lola Montez) zwei Jahre zuvor zugunsten seines Sohnes Maximilian abgedankt.

Und im Zusammenhang mit der Turnbewegung im frühen 19. Jahrhundert war zwar 1848 in der Münchener „Brauerei zum Bayerischen Löwen" der „Münchener Turnverein" gegründet worden – doch war dieser wie alle Vereine, denen die Obrigkeit pauschal die Bereitschaft zu antimonarchischen Zusammenrottungen unterstellte, im Februar 1850 verboten worden, so dass der Turnlehrer Gruber für die von ihm aufgeführten „olympischen Spiele" auf dem Oktoberfest nicht im Verein organisierte Turner, sondern Handwerksgesellen als Einzelpersonen engagieren musste. Der Verein sollte erst zehn Jahre später als „Turn- und Sportverein München 1860" wiedergegründet werden (und ist heute vor allem wegen seiner Fußballabteilung als „TSV 1860 München" oder nach dem ersten Gründungsort als „Löwen" bekannt).

Die Sportveranstaltung beim Oktoberfest 1850 – König Otto I. von Griechenland war, wie wir (S. 25) gesehen haben, seinerzeit gerade in München – zeugt dennoch davon, wie weit trotz der nur fragmentarisch erhaltenen archäologischen und literarischen Zeugnisse inzwischen das Wissen um die „olympischen Spiele" verbreitet war. Was aber nach wie vor unbekannt blieb, war der Text von Philostratos' antiker Gesamtdarstellung „Über das Training".

Ein Handschriftenfund: Philostratos, *peri gymnastikes*

Da kam in der Mitte des 19. Jahrhunderts der schon verloren geglaubte antike Text von Philostratos' Werk neu ans Licht. Nicht nur Ausgrabungen wie die in Olympia 1829 (s. S. 23) ließ Frankreich durchführen, sondern versuchte (wie andere europäische

Mächte) auch, den Bestand an mittelalterlichen Abschriften antiker Texte in seinen Bibliotheken zu vermehren. So unternahm im Auftrag und auf Rechnung des französischen Bildungsministeriums zwischen 1840 und 1855 der griechische Philologe Konstantinos Minas, der sich auch Minoïdes Mynas nannte (1788–1859), mehrere Reisen zum Ankauf griechischer Handschriften in Klosterbibliotheken in Konstantinopolis (heute Istanbul), auf dem Berg Athos und anderenorts.

Manche zuvor verloren geglaubte antike Texte wurden so überhaupt erst der Fachwelt zugänglich, darunter die „Einführung in die Logik" des Mediziners Galenos (s. S. 17) aus dem 2. Jahrhundert n. Chr. oder die dem Origenes zugeschriebene, wohl aber auf Hippolytos zurückgehende frühchristliche, auch als „Refutatio omnium haeresium" bekannte Schrift „Philosophumena" aus dem frühen 3. Jahrhundert.

Allerdings waren nicht alle *Codices*, die Minas nach Paris brachte, echt. Er verstand sich nämlich auch auf die Fälschung mittelalterlicher Handschriften; so wurde er später als Verfasser der von ihm „entdeckten" (und an das Britische Museum in London verkauften) mittelalterlichen „Abschrift" der Mythiamben des griechischen Fabeldichters Babrios (2. Jahrhundert n. Chr.) entlarvt. Ja, selbst die echten *Codices* hatte Minas nicht allesamt redlich erworben: Eben die Teile einer Handschrift aus dem 14. Jahrhundert, die Philostratos' Werk „Über das Training" enthält, waren 1843 wohl auf krummen Wegen im Lavra-Kloster auf dem Berg Athos in seine Hände gelangt; wie man viel später feststellen konnte, befindet sich dort nämlich weiterhin der Großteil jener Handschrift noch heute als *Codex Athous S. Laurae K 95.*

Minas berichtete zwar in der Zeitschrift „Le Moniteur universel" vom 5. Januar 1844 kurz über seinen Fund, übergab die Handschriften-Blätter jedoch nicht seinem Auftraggeber, sondern deponierte sie bei einem Vertrauten, dem Pariser Uhrmacher Henri-Paul Ratel. Das Ministerium erhielt von ihm nur eine Abschrift (die in der Nationalbibliothek als *Codex Parisinus Suppl. gr. 727* inventarisiert wurde). Die Provenienz und den Bewahrort des Originals ließ Minas im Unklaren – sehr zum Leidwesen des Medizinhistorikers und Altphilologen Charles Victor Daremberg

(1817–1872), der sich lange intensiv, aber vergeblich darum bemühte, eine Publikation des Textes aus dem von Minas nach Paris gebrachten *Codex*, nicht nur aus Minas' Abschrift vorlegen zu können. Letzterer erstellte schließlich zwar eine zweite verbesserte Abschrift (die später als *Codex Parisinus Suppl. gr. 1256* in die Nationalbibliothek einging), war aber nach wie vor nicht bereit, das mittelalterliche Original vorzulegen.

1857 gab Daremberg schließlich seine anhand von Minas' Abschrift erstellte Edition in den Satz und informierte darüber auch Minas – was diesen im November 1858 zu einer eigenen Publikation veranlasste! Daremberg konnte darauf in seiner in demselben Monat publizierten Ausgabe nur noch reagieren und machte im Vorwort zu seiner Edition seiner Verärgerung über Minas' Vorgehen Luft; nicht zuletzt bot er eine lange Liste von Widersprüchen zwischen Minas' Abschriften und Minas' Edition.

Zwar konnte die Fachwelt nun 14 Jahre nach dem ersten Bericht über den Handschriftenfund gleich auf zwei im Druck erschienene Editionen zurückgreifen – die Handschrift selbst aber blieb weiterhin unzugänglich. Auf Minas' Abschrift beruhten dann letztlich auch alle späteren Ausgaben bis zu der heute noch verbreiteten von Carl Ludwig Kayser 1871. Die von diesem Gelehrten 31 Jahre zuvor aus den *Codices* und *Scholia* entnommenen Passagen deckten sich tatsächlich mit dem Neufund und wurden nun als Kapitel 56–58 (*Laurentianus*) bzw. 41–58 (*Monacensis*) sowie als Zitate aus Kapitel 10 (*Politeia*) und Kapitel 4 (*Protagoras*) eingeordnet. Dank Minas' Handschriftenfund und dank seiner und Darembergs konkurrierenden Publikationen lag der antike Text von Philostratos' Werk „Über das Training" erstmals seit seiner Entstehung im 3. Jahrhundert n. Chr. im Jahr 1858 wieder vor.

Die „Olympien" König Ottos I. 1859 in Athen

Minas' Publikation von Philostratos' Werk „Über das Training" vom November 1858 bietet freilich nicht nur eine Edition des altgriechischen Textes mit französischer Übersetzung und Anmerkungen, sondern auch einen auf den 13. August 1858 datierten ausführlichen zweisprachigen – neugriechischen und französischen – Anhang über die „Einrichtung Olympischer Spiele in Griechenland". Minas lobt darin besonders die Initiative des griechischen Patrioten Evangelis Zap(p)as (1800–1865).

Der im nordwestgriechischen Epirus (im heutigen Albanien) geborene Zappas hatte als junger Mann am Volksaufstand der Griechen von 1821 teilgenommen und war dann durch Grundstücks- und Aktiengeschäfte vor allem von seinem Hauptsitz bei Broșteni aus (im heutigen rumänischen Bezirk Ialomița östlich von Bukarest) zu einem riesigen Vermögen gekommen. Bereits in den 1830er Jahren hatte sich der Journalist Panagiotis Soutsos (1806-1868) für die Wiederbelebung der Olympischen Spiele in Griechenland ausgesprochen; 1856 nun hatte Zappas dem griechischen König Otto I. vorgeschlagen, neue, aber in der antiken Tradition stehende Olympische Spiele in Griechenland durchzuführen – und zugleich angeboten, sie zu finanzieren!

Der in Ottos Regierung zuständige Minister, der bedeutende Altphilologe, Literat und Lehrer der Königsgemahlin Amalia von Oldenburg (1818–1875) Alexandros Rhizos Rhangavis (1810–1892), hielt – man hat vermutet: auch aus persönlicher Abneigung gegen sportliche Aktivitäten – von diesem Plan nichts und bevorzugte eine Landwirtschafts- und Industrie-Ausstellung nach dem Vorbild des inzwischen vor allem in dieser Form durchgeführten Münchener Oktoberfests; trotz des Angebots einer vollständigen Finanzierung verzögerte er die Antwort des Königs auf Zappas' Angebot.

Erst im August 1858 erging dann ein von Amalia (in Vertretung Ottos) unterzeichnetes königliches *Diatagma* (Dekret), das Rhangavis' Präferenzen deutlich machte:

> DEKRET ÜBER DIE EINRICHTUNG VON OLYMPIEN
> OTTO VON GOTTES GNADEN KÖNIG VON GRIECHENLAND
> auf Vorschlag unseres Innenministers und nach Begutachtung durch unseren Ministerrat.
>
> Unter Berücksichtigung des Uns unterbreiteten Gesuchs des Patrioten Herrn Evangelis Zappas, durch welches er als Kapital seine 400 Aktien widmet, die er an der Griechischen Dampfschiffahrtsgesell-

schaft hält, damit ihr Gewinn oder die Zinsen zur Einrichtung und Unterhaltung von Wettbewerben gebraucht werden, die den Namen „Olympien" tragen und den nationalen Fortschritt zum Ziel haben, bietet er die an das Außenministerium abgesandten 3000 kaiserlich-königlichen Gulden an, damit sie zur Abhaltung der zum ersten Mal 1859 stattfindenden Olympien verwendet werden.

Wir nehmen dieses reichlich bemessene Angebot des erwähnten Herrn Evangelis Zappas gerne an, indem wir den von demselben unterbreiteten Plan zur Einrichtung der Olympien billigen, und ordnen Folgendes an:

Artikel 1: Es sollen in Athen allgemeine Wettbewerbe, die in vierjährigem Abstand gefeiert werden, eingesetzt werden mit dem Beinamen „Olympien", bei denen alle Produkte des griechischen Schaffens ausgestellt werden, besonders solche der Industrie, der Landwirtschaft und der Viehzucht.
Artikel 2: Die Verantwortung für und Aufsicht über die Olympien obliegt dem vom Innenministerium bestellten Komitee zur Belebung der nationalen Industrie, zu dem jeweils zusätzlich vier andere Mitglieder nach Wahl des Innenministeriums hinzutreten sollen. Das Komitee soll vom Innenminister geleitet werden, und ein jeweils von ihm (dem Komitee) herausgegebenes Programm regelt die Einzelheiten der Durchführung der Olympien. …

Artikel 5: Die zur Ausstellung bei den Olympien vorgesehenen Produkte sollen von den Hellanodiken beurteilt werden oder von aus drei Mitgliedern bestehenden Komitees von Fachleuten, die nach Vorschlag des Industriekomitees vom Innenminister bestimmt werden und zu denen nötigenfalls bis zu zwei sachkundige Männer zur Prüfung der verschiedenen Produkte hinzutreten sollen.
Artikel 6: Bezüglich der Beurteilung der preisgekrönten Produkte sollen die Hellanodiken unter anderem besonders ihre Nützlichkeit, ihren geringen Herstellungsaufwand und ihre Vollkommenheit berücksichtigen.

Artikel 7: Die Wettkämpfe sollen unterteilt werden in solche, deren Preis Kränze sind, sowie in solche, deren Preis aus Geld besteht. Für die erstgenannten sollen je nach Gattung Goldmedaillen erster und zweiter Ordnung vergeben werden, unterschiedlich in Dicke und Durchmesser, sowie je nach Art, wiederum in zwei Klassen unterteilt, aus Silber und Bronze, und lobende Anerkennungen.
Artikel 8: Diese Medaillen sollen auf der einen Seite Unser Portrait tragen und ringsherum (die Inschrift) *Otto I., König von Griechenland, Begründer der Olympien*, auf der Rückseite einen Kranz und in

der Mitte die Worte *Olympischer Kranz I. oder II. Klasse. Agonothet Evangelis Zappas.*
Artikel 9: Die Zahl der nach den verschiedenen Klassen der Produkte zuerkannten Medaillen soll durch Königlichen Erlass begrenzt werden, nach Begutachtung des Industriekomitees, und soll mittels des periodischen Programms, das der Abhaltung der Olympien gilt, bekanntgegeben werden.
Artikel 10: Die Medaillen sollen begleitet sein von Diplomen, die vom Innenminister unterzeichnet sind und den Agonotheten erwähnen.
Artikel 11: Bei den Wettkämpfen, die mit Geldpreisen versehen sind, werden bis zu zwei Preise vergeben, die aus einer Geldsumme bestehen.
Artikel 12: Die Olympien sollen jeweils vom ersten bis zum letzten Sonntag des Monats Oktober dauern.

Artikel 13: Der *erste* Tag der Olympien soll beginnen mit einem Gottesdienst für alle diejenigen, die zugunsten des geistigen und materiellen Fortschritts Griechenlands in reichlichem Maße Stiftungen gemacht haben. Den übrigen Tag über soll eine akademische Festveranstaltung stattfinden. Dabei soll in der Akademie von ihrem Sekretär oder, bis zu ihrer Errichtung, in der Universität von einem vom Konvent gewählten Wissenschaftler ein zusammenfassender Bericht über den geistigen Fortschritt, der in den vier vergangenen Jahren der Olympiade stattgefunden hat, gegeben werden und Erwähnung derjenigen Autoren getan werden, die im besagten Zeitraum Erwähnenswertes veröffentlicht haben, sowie auch derjenigen, die bei den intellektuellen Wettbewerben ausgezeichnet wurden. Zusätzlich soll an diesem Fest aus der Zuwendung von Herrn Evangelis Zappas auch in jeder Olympiade nacheinander ein intellektuelles Werk aus einer der Klassen der Akademie oder, bis zu ihrer Errichtung, aus den entsprechenden Fakultäten der Universität alle vier Jahre preisgekrönt und für diesen Zeitraum öffentlich bekannt gemacht werden.
Artikel 14: Der *zweite* Sonntag ist für die Preisverleihung der Produkte der *Viehzucht* bestimmt, wobei die Kampfpreise aus Kränzen bestehen sollen. Am *Nachmittag* soll ein Pferderennen einheimischer Tiere veranstaltet werden, wobei die Wettkampfpreise aus Geldprämien bestehen. Für den ersten Platz gibt es 500 Drachmen, für den zweiten 300 Drachmen.
Artikel 15: Der *dritte* Sonntag ist für die Preisverleihung der *landwirtschaftlichen Produkte* bestimmt, wobei die Wettkampfpreise aus Kränzen bestehen. Am *Nachmittag* sollen öffentlich gymnische Agone im Stadion gefeiert werden, das dafür in geeigneter Form

> herzurichten ist. Ihre Wettkampfpreise bestehen aus Geldprämien – für den ersten Platz jeweils 100 Drachmen, für den zweiten Platz jeweils 50 Drachmen. Beide Preise sind mit einem Ölzweig verbunden.
> Artikel 16: Der *letzte* Tag der Olympien ist für die Preisverleihung der *Industrieprodukte* bestimmt, wobei die Wettkampfpreise aus Kränzen bestehen. Am *Abend* soll im Theater nach Auswahl durch die Philologische Klasse der Akademie ein neues Drama aufgeführt werden, und es sollen musikalische Werke griechischer Komponisten zur Aufführung gelangen. Für die Komposition sind Preise ausgesetzt, die aus Kränzen bestehen. …
>
> Artikel 18: Die erste Einberufung der Olympien soll am ersten Sonntag des Oktobers des Jahres 1859 erfolgen. …
>
> Zu Athen, den 19. August 1858.
> Im Namen des Königs: Die Königin Amalia K. Provelengios

Das Dekret fand auch außerhalb Griechenlands viel Aufmerksamkeit; so referierte es die „Deutsche Turn-Zeitung" (5, 1859, S. 21–22) in einem ausführlichen Artikel mit dem Titel „Die neuen Olympien in Griechenland".

Es bedient sich wiederholt antiker Begriffe wie „Hellanodiken" (s. S. 10) für die Preisrichter (Artikel 5–6), „Agonothet" für die Rolle des Evangelis Zappas als Sponsor (Artikel 7) oder „gymnische Agone" für Sportwettbewerbe (Artikel 15) – was aber nicht darüber hinwegtäuschen kann, dass es den Begriff „Olympien" mit einem ganz neuen Inhalt füllte. Die dem König vom Münchener Oktoberfest vertrauten, aber auch dort gegenüber der Landwirtschaftsausstellung randständigen Ereignisse Pferderennen (Artikel 14) und Sportwettbewerbe (Artikel 15) werden nur als Nachmittagsveranstaltungen erwähnt und nicht mit „Kränzen", also Medaillen belohnt – anders sogar als die Aufführungen von Dramen und musikalischen Kompositionen (Artikel 16).

In einem weiteren Dekret wurden dann Wettkampfpreise festgesetzt, und zwar für Mineralien und die Gewerbe ihrer Förderung, für Forstwirtschaft, Jagd und Fischfang, für Landwirtschaft, Getreide und Gärtnerei sowie für Viehzucht, sodann für Angewandte Industriemechanik, weitere Mechaniken und Industrien, die den wirtschaftlichen Nutzen von Feuer, Licht usw. betreffen, Chemietechnik und -produkte, dann für die Herstellung und Haltbarmachung von Nahrungsmitteln, für Hygiene, Pharmazie, Medizin, Chirurgie und Instrumente, für Handels- und Kriegsmarine sowie Kriegstechnik, für Städtebau, für Metallbearbeitung und die Bearbeitung von wertvollen Steinen und Metallen, für Keramik, für die Baumwoll-, Schurwoll-, Leinen-, Hanf- und Seidenindustrie, für Möbelherstellung und Innenarchitektur, für Entwurf und angewandte Kunst in Industrie, Druckgewerbe, Photographie usw., für Kleidungsproduktion, Mode- und Luxusobjekte, Goldstickerei und Strickerei sowie für Komposition und die Herstellung von Musikinstrumenten – nicht aber für sportliche Leistungen!

Allein der Nachmittag des dritten Sonntags der „Olympien" war also für „gymnische Agone" reserviert, die in Athen nach Artikel 15 in dem „dafür in geeigneter Form herzurichtenden", seinerzeit nurmehr in Erdhügeln sichtbaren Panathenaien-Stadion des Herodes Atticus aus dem 2. Jahrhundert n. Chr. stattfinden sollten; wie beim Pferderennen gab es auch hier keine Medaillen, sondern Geldprämien nur für den ersten und zweiten Platz und je einen Ölzweig. Die königliche Regierung freilich erwarb – wohl auf Rhangavis' Betreiben – auch jetzt nicht einmal den Grund, auf dem jenes Stadion stand, geschweige denn veranlasste sie, dass es in geeigneter Form hergerichtet wurde.

In Kenntnis des durch eine Presseveröffentlichung schon vorab bekannt gewordenen Dekrets vom 19. August 1858 und zur deutlichen Unterstützung von Zappas' Anliegen, die „Olympien" im antiken Sinne als eigentlichen Sportwettkampf auszurichten, publizierte Minas 1858 – also 14 Jahre nach seinem ersten Bericht über den Fund – seine Erstausgabe von Philostratos' Werk „Über das Training". Im Anhang zu dieser Edition schreibt er:

> Man sehe, was wir darüber in der schönen Zeitung „Athena" vom 20. August lesen: „Ihre Majestät die Königin unterzeichneten gestern das Dekret über die Wiederbelebung der Olympischen Spiele. Sie werden alle vier Jahre acht Tage lang stattfinden. In diesen Wettbewerben stellt man die Produkte der griechischen Industrie aus und wird für die Sieger Preise vergeben." Ist das, was Herr Zapas wollte, die Einrichtung von Industrie-Wettbewerben? Ich glaube nicht, dass dieser wohlgeborene Herr von Eifer für den Ruhm der alten Griechen angetrieben einen Ausstellungspalast der griechischen Industrie einrichten wollte, die noch nicht eimal in der Wiege liegt! Wo sind denn die Fabriken oder die Stoffe oder die Metallverarbeitung oder die Holzverarbeitung oder die Papierverarbeitung oder oder oder, damit die Sieger prämiert werden könnten? Solang die Griechen alles aus Europa kaufen – Stoffe, Kleidung, Mäntel, Möbel usw., keine Fabrik einrichten und es vorziehen, ihr eigenes Geld den Fremden zu schicken, damit sie es produzieren? Ich glaube nicht, dass Herr Zapas sein Geld in dieser Meinung gab, da er genau weiß, dass aus derlei ungenügenden Fabriken kein Ruhm für Griechenland entstehen wird – vielmehr für die Erneuerung der *wahren* Olympischen Spiele, damit Athleten, Stadionläufer, Boxer usw. bekränzt werden. Das sind die Spiele, die ein Pindar, ein Simonides und andere Dichter gepriesen und damit die Athleten unsterblich gemacht haben!
>
> (M. Mynas: Philostrate, Sur la gymnastique. Paris 1858, S. 136–138)

Wollte Minas jetzt, wo die Chance einer Umsetzung von Zappas' Plänen größer schien als je zuvor, den Altphilologen und Minister Rhangavis bei dessen wissenschaftlicher Ehre packen und durch die Vorlage des antiken Textes bei ihm mehr Interesse für die Durchführung von Sportwettkämpfen in der Tradition der Antike wecken?

Tatsächlich wurde am 30. September 1859 ein „Programm" auch der sportlichen Wettkämpfe erstellt – wenige Tage vor Beginn der ersten „Olympien", zu denen Griechen aus aller Herren Länder, namentlich aus der Diaspora (zu der ja auch Zappas gehörte) eingeladen waren. Das Programm sah vor, dass sich die sportlichen Wettkämpfe auf die Disziplinen „Sprung, Lauf, Diskos und Ringkampf" beschränken sollten. Entschuldigend hieß es in dem Programm:

> Wie das Komitee – wenn es ihm auch an Mitteln und Zeit fehlt – zugleich mit den anderen Angelegenheiten während der laufenden Periode der Olympien auch die Durchführung der athletischen Wettkämpfe gemäß den Bestimmungen der Satzung des königlichen Dekrets über die Olympien vom 19. August 1858 vorbereitet, … hat es beschlossen, damit während des nächsten Nationalfestes der Ausstellung auch einige der Wettkämpfe nach Art der Vorrede ausgeführt werden, die später zur möglichsten Vollendung zu führen und sie schrittweise ihres Namens und des Namens des angestammten Gedächtnisses und Ruhmes würdig einzurichten.
> („Programm" vom 30. September 1859)

Man war sich also bewusst, dass erst später, bei der für 1863 geplanten Ausstellung, der den sportlichen Wettbewerben zugedachte Nachmittag würdig durchführbar sein werde; immerhin war ja auch das Panathenaien-Stadion nach wie vor nicht „hergerichtet". Nach erneuten Verzögerungen wurden Zappas' Olympische Spiele dann nicht am ersten Oktobersonntag, sondern am 15. November 1859 auf dem nach König Ottos Vater Ludwig benannten Platz an der Piräus-Straße im Zentrum Athens veranstaltet (heute heißt dieser – auch als *Plateia Koumoundourou* bekannte – Platz *Plateia Eleutherias*).

Die Spiele wurden nicht, wie geplant, 1863 wiederholt, da König Otto I. im Jahr zuvor abgesetzt worden war; sie sollten aber Vorläufer und Vorbild der ersten Internationalen Olympischen Spiele der Neuzeit werden, die das 1894 von Baron Pierre de Coubertin (1863–1937) gegründete Internationale Olympische Komitee 1896 ebenfalls in Athen abhielt. Aus Zappas' Vermögen wurden später das nach ihm *Zappeion* benannte Ausstellungs- und Versammlungsgebäude errichtet und schließlich – vor allem freilich dank großzügiger Mittel, die der reiche Händler Georgios Averoff (1815-1899) zur Verfügung stellte – das Panathenaien-Stadion rekonstruiert, das wegen des dabei verwendeten schönen Marmors auch als *Kalimarmaro* bekannt ist; beide Bauwerke gehören noch heute zu den Sehenswürdigkeiten in Athen.

Philostratos und die Olympischen Sportarten

Bei den Olympischen Spielen in Athen von 1859 wurde kurzfristig das Ringen durch das Speerwerfen ersetzt. Mit den vier im oben erwähnten „Programm" genannten Sportarten Springen, Laufen, Diskos und Ringkampf und mit dem nun an dessen Stelle getretenen Speerwerfen waren für die ersten Olympischen Spiele in Athen 1859 wohl nicht zufällig Wettbewerbe in genau *den* fünf Sportarten vorgesehen, die in Philostratos' antikem, erstmals im Jahr zuvor publizierten Werk „Über das Training" als Teile des antiken *Pentathlon* (s. o. S. 12) genannt sind.

In anderen antiken Zeugnissen, etwa bei Pausanias (s. o.), für die antiken Olympischen Spiele belegte weitere Sportarten – Boxen, Pankration („Ganzbeherrscher"), Waffenlauf sowie Pferde- und Wagenrennen – blieben ebenso ausgeschlossen wie jedweder Mannschaftssport und wie die Wettbewerbe für Frauen, die Philostratos (27) nur für Sparta nennt, den alten Rivalen Athens, nicht aber für Athen selbst.

Die genauen Wettkampfregeln konnte man freilich auch dem Werk des Philostratos nicht entnehmen. Während die Laufwettbewerbe über die bei Pausanias und Philostratos genannten Distanzen *Stadion, Diaulos* und *Dolichos* durchgeführt wurden, gab es für das bei Pausanias gar nicht, bei Philostratos ohne nähere Details geschilderte Springen gleich drei Wettbewerbe: Weitsprung, Grabensprung und *Askolismos*, ein Springen auf elastischen Weinschläuchen (das Trampolin war noch nicht erfunden). Beim im antiken Text ebenfalls nicht näher geschilderten Speerwurf unterschied man den Weitwurf und das Zielwerfen, und zum bei Philostratos ohne Details zum Wettbewerb genannten Diskos deutete man die oben (S. 23/24) zitierte Angabe bei Lukianos „in die Luft und in die Ferne" so, als beziehe sie sich auf zwei unterschiedliche Diskos-Wettbewerbe: einen im Hoch- *und* einen im Weitwerfen, was bei Lukianos freilich gar nicht gemeint ist.

Über den tatsächlichen Verlauf der „gymnischen Agone" von 1859 berichtete die „Deutsche Turn-Zeitung":

> Die gymnastischen Wettübungen nach Art der olympischen Spiele … haben am 27. November in Athen stattgefunden. Wol über 20 000 Menschen haben als Zuschauer den Spielen beigewohnt, die auf dem Ludwigsplatze in der Nähe der Pyräusstraße abgehalten wurden und im einfachen und doppelten Lauf und im siebenfachen Lauf, im Diskuswerfen, sowol in die Höhe, wie in die Ferne, im einfachen Sprunge, im Sprunge über Gräben und im Sprunge in die Höhe auf elastischen Körpern, mit Balancirung, ferner im Zielwerfen und Baumsteigen bestanden. Der Sieger in jeder dieser körperlichen Übungen wurde mit einem Ölzweige bekränzt und je nach der Schwierigkeit der Lösung der Aufgabe, mit je 50–100 und 280 Drachmen belohnt, welche beide Preise der Sieger unmittelbar nach dem Ausspruch der Kampfrichter aus der Hand des Königs empfing. Der höchste Preis wurde jedesmal dem zuerkannt, welcher im siebenmaligen Umlauf der Stadien der Erste war; sein und seines Geburtsortes Name wurde laut ausgerufen und der versammelten Menge bekannt gegeben.
> Die Wettkämpfer gehörten allen Provinzen des Landes an und waren aus der Studentenschaft, dem Militär und den Matrosen hervorgegangen. Diese Volksbelustigungen dauerten von 1 Uhr Mittags bis 4 Uhr Nachmittags, worauf der Ausrufer die alte griechische Formel rief: „Volk, gehe nach Hause!" Alle Wettkämpfer waren zur leichteren Unterscheidung in farbige Blousen gekleidet, mit entblößtem Haupt, die Haare durch ein Stirnband festgehalten. Das Volk nahm den lebhaftesten Antheil an diesen Vorgängen und munterte die dem Siege Nahenden durch lauten Zuruf und Beifall zum Ausharren und verdoppelter Anstrengung auf. Der König und die Königin blieben bis ans Ende und drückten den Siegern ihre Freude und Theilnahme aus.
>
> (Deutsche Turn-Zeitung 1860, Nr. 5, S. 8)

Tatsächlich war also 1859 eine sechste, für die Antike nicht belegte Sportart bei den „Olympien" kurzfristig hinzugefügt worden: das Baumsteigen oder Mastklettern. Athen, das damals auch als Königssitz nur eine Kleinstadt war, verfügte just seit 1859 über den Anschluss an das Telegraphennetz, und da auf dem flachen Ludwigsplatz in Athen, auf dem die „Olympien" stattfanden, nur die Zuschauer in den vordersten Reihen die Wettkämpfe verfolgen konnten, nutzte man offenbar die neue technische Infrastruktur für ein Wettklettern an den zuvor eingeölten Masten. Ein Bericht in der griechischen Diaspora-Zeitung „Helios" aus Tergeste (Triëst) von 1859 verdeutlicht dies:

> Am Ende fand die *anarrhichesis* (das Mastklettern) statt. … Sie befriedigte die Sensationslust des herumstehenden Volkes einigermaßen und dämpfte die Vorwürfe derer, die auf keine Weise den zuvor durchgeführten Wettkämpfen zuschauen konnten. In der Reihenfolge des Loses versuchten die Wettkampfteilnehmer die Spitze zu erreichen, wo Preise aufgehängt waren. Da das Holz aber eingeölt war, glitten sie ab und fielen einer nach dem anderen herunter, was die Zuschauer bei jedem Misslingen zum Lachen reizte …
>
> (Helios 5, Nr. 222, Dezember 1859, S. 1)

Mastklettern gehörte, wie wir gesehen haben, bereits auf dem Oktoberfest zu den Wettbewerben beim Landwirtschaftsfest, aber als Olympischer Sportart sollte dem in Athen 1859 *ad hoc* eingeführten Wettbewerb im Mastklettern (das Englische kennt noch heute die Redewendung *to climb the greasy pole* zur Bezeichnung eines mühsamen und riskanten Aufstiegs) keine Dauer beschieden sein …

Auch wenn die Olympien in Athen 1859 durchaus zur Identitätsstiftung der Griechen im Mutterland wie in der Diaspora beigetragen hatten, waren sie sportlich kein Erfolg. Philostratos' (und Zappas') Sportarten hingegen sind noch heute bei den Olympischen Spielen präsent. So stehen nicht nur das Münchener Oktoberfest, sondern auch die Wiederentdeckung und die Erstpublikation von Philostratos' aus dem Altertum stammendem Werk „Über das Training" in einem Zusammenhang mit der Wiederbegründung der Olympischen Spiele in der Neuzeit.

Dieses antike Werk wollen wir nun selbst kennen lernen!

Für die engagierte verlegerische Betreuung danke ich Lothar Wekel und David Zettler, für wertvolle Hinweise Wolfgang Decker und für das Mitlesen der Korrekturen Cordula Bachmann, Timo Gimbel, Veit Rosenberger und meiner lieben Frau Christiane.

Erfurt und Hermannstadt, im Oktober 2014 *Kai Brodersen*

Φιλοστράτου

περὶ γυμναστικῆς

Philostratos

Über das Training

(1) σοφίαν ἡγώμεθα καὶ τὰ τοιαῦτα μέν οἷον φιλοσοφῆσαι καὶ εἰπεῖν ξὺν τέχνῃ ποιητικῆς τε ἅψασθαι καὶ μουσικῆς καὶ γεωμετρίας καί νὴ Δία ἀστρονομίας, ὁπόση μὴ περιττή, σοφία δὲ καὶ τὸ κοσμῆσαι στρατιὰν καὶ ἔτι τὰ τοιαῦτα· ἰατρικὴ πᾶσα καὶ ζωγραφία καὶ πλάσται καὶ ἀγαλμάτων εἴδη καὶ κοῖλοι λίθοι καὶ κοῖλος σίδηρος.

βάναυσοι δὲ ὁπόσαι, δεδόσθω μὲν αὐταῖς τέχνη, καθ' ἣν ὄργανόν τι καὶ σκεῦος ὀρθῶς ἀποτελεσθήσεται, σοφία δὲ ἐς ἐκείνας ἀποκείσθω μόνας, ἃς εἶπον. ἐξαιρῶ κυβερνητικὴν τῶν βαναύσων, ἐπειδὴ ἄστρων τε συνίησιν καὶ ἀνέμων καὶ τῶν ἀδήλων ἅπτεται. ταῦτα μὲν ὧν ἕνεκά μοι εἴρηται, δειχθήσεται.

περὶ δὲ γυμναστικῆς, σοφίαν λέγομεν οὐδεμιᾶς ἐλάττω τέχνης, ὥστε ἐς ὑπομνήματα ξυνθῆναι τοῖς βουλομένοις γυμνάζειν·

ἡ μὲν γὰρ πάλαι γυμναστικὴ Μίλωνας ἐποίει καὶ Ἱπποσθένας, Πουλυδάμαντάς τε καὶ Προμάχους καὶ Γλαῦκον τὸν Δημύλου καὶ τοὺς πρὸ τούτων ἔτι ἀθλητάς, τὸν Πηλέα δήπου καὶ τὸν Θησέα καὶ τὸν Ἡρακλέα αὐτόν·

ἡ δὲ ἐπὶ τῶν πατέρων ἥττους μὲν οἷδε, θαυμασίους δὲ καὶ μεμνῆσθαι ἀξίους·

ἡ δὲ νῦν καθεστηκυῖα μεταβέβληκεν οὕτω τὰ τῶν ἀθλητῶν ὡς καὶ τοῖς φιλογυμναστοῦσι τοὺς πολλοὺς ἄχθεσθαι.

Einleitung

Trainingslehre als Wissenschaft

(1) Als Wissenschaft wollen wir einerseits etwa folgendes betrachten: Philosophie, Rhetorik, Beschäftigung mit Dichtung, Musik, Geometrie und – bei Zeus – mit Astronomie, soweit sie nicht übertrieben; Wissenschaft ist andererseits aber auch die Organisation eines Heeres und dazu noch folgendes: die ganze Medizin, Malerei, Plastik, die Arten der Bildhauerei, die Steinschneidekunst und das Metallziselieren.

Bei den Handwerkern, denen die Eigenschaft von Kunstfertigkeit zuerkannt sein mag, insofern mit ihr ein Werkzeug und Gerät richtig angefertigt wird; Wissenschaft aber sei jenen Beschäftigungen allein vorbehalten, die ich genannt habe. Ausnehmen will ich vom Handwerk die Steuermannskunst, da sie sich auf Gestirne und Winde versteht und sich an Unbekanntes heran wagt. Warum ich dies dargelegt habe, wird sich zeigen.

Die Trainingslehre aber bezeichnen wir als Wissenschaft, die jeder anderen Kunstfertigkeit ebenbürtig ist, so dass man sie in Abhandlungen darstellt für diejenigen, die trainieren wollen.

In alter Zeit brachte das Training nämlich Männer wie Milon, Hipposthenes, Poulydamas und Promachos hervor, den Glaukos, Sohn des Demylos, und die Sportler, die noch vor diesen lebten: Peleus, Theseus und vor allem Herakles.

Zur Zeit unserer Väter freilich kannte es nurmehr zweitklassige, aber immerhin staunenerregende und bemerkenswerte Sportler.

In heutiger Zeit aber haben das Training und der Sport eine solche Wandlung erlebt, dass die große Menge sogar gegen die Amateure Abneigung empfindet.

(2) δοκεῖ δέ μοι διδάξαι μὲν τὰς αἰτίας, δι' ἃς ὑποδέδωκε ταῦτα, ξυμβαλέσθαι δὲ γυμνάζουσί τε καὶ γυμναζομένοις, ὁπόσα οἶδα, ἀπολογήσασθαί τε ὑπὲρ τῆς φύσεως ἀκουούσης κακῶς, ἐπειδὴ παρὰ πολὺ τῶν πάλαι οἱ νῦν ἀθληταί·

λέοντάς τε γὰρ βόσκει καὶ νῦν φαυλοτέρους οὐδέν, τῶν τε κυνῶν καὶ ἵππων καὶ ταύρων ταὐτὸν χρῆμα, καὶ τὸ εἰς δένδρα δὲ αὐτῆς ἧκον ἄμπελοί τε ὅμοιαι ἔτι καὶ συκῆς δῶρα χρυσοῦ τε καὶ ἀργύρου καὶ λίθων οὐδὲν παρήλλαξεν, ἀλλ' ὡς αὐτὴ ἐνόμισε, τοῖς προτέροις ὅμοια φύει τὰ πάντα.

ἀθλητῶν δέ, ὁπόσαι περὶ αὐτοὺς ἦσάν ποτε ἀρεταί, οὐχ ἡ φύσις ἀπηνέχθη, φέρει γὰρ δὴ ἔτι θυμοειδεῖς, εὐειδεῖς, ἀγχίνους – φύσεως γὰρ ταῦτα – τὸ δὲ μὴ ὑγιῶς γυμνάζεσθαι, μηδὲ ἐῤῥωμένως ἐπιτηδεύειν ἀφείλετο τὴν φύσιν τὸ ἑαυτῆς κράτος.

καὶ ὅπως μὲν ξυνέβη ταῦτα, δηλώσω ὕστερον· πρῶτον δὲ ἐπισκεψώμεθα δρόμου αἰτίας καὶ πυγμῆς καὶ πάλης καὶ τῶν τοιούτων, καὶ ἐξ ὅτου ἤρξατο ἕκαστα καὶ ἀφ' ὅτου.

παρακείσεται δὲ ἁπανταχοῦ τὰ Ἠλείων δεῖ γὰρ περὶ τὰ τοιαῦτα ἐκ τῶν ἀκριβεστάτων φράζειν.

Ziel der Abhandlung

(2) Es scheint mir gut, die Gründe zu vermitteln, durch die dieser Verfall eingetreten ist, und für Trainer und zu Trainierende alles zusammenzutragen, was ich weiß, sowie sich für die Natur einzusetzen, die erleben muss, dass die jetzigen Sportler den früheren um Vieles nachstehen.

Löwen nämlich schafft sie auch heute noch von keineswegs geringerer Art, und das Aussehen von Hunden, Pferden und Stieren ist unverändert; was ihr Verhalten bei den Bäumen betrifft, so sind die Reben und die Gaben des Feigenbaumes noch die gleichen, und an Gold und Silber und Gestein hat sie nichts geändert, sondern genau so, wie sie selbst es bestimmt hat, erzeugt sie alles nach wie vor gleich.

Was die Sportler betrifft, so hat die Natur sie – soweit es auf ihre einstige Exzellenz ankommt – nicht im Stich gelassen. Sie bringt ja noch immer mutige, wohlgestaltete und kräftige Sportler hervor – das sind ja alles Gaben der Natur –, doch hat das Fehlen von gesundem Training und tüchtiger Anstrengung die Natur ihrer Kraft beraubt (s. u. § 43–49).

Wie dies gekommen ist, will ich später (§ 44–47) zeigen; zuerst aber wollen wir den Ursprung des Laufens, des Boxens, des Ringens und der anderen Sportarten betrachten und klären, wann und wo jede ihren Anfang genommen hat.

Überall sollen dabei die Aufzeichnungen der Eleer (s. S. 9) zur Hand sein, denn darüber muss aus den genannten Quellen so genau wie möglich berichtet werden.

(3) ἔστι τοίνυν ἀγωνίας ξυμπάσης τὰ μὲν κοῦφα ταῦτα· στάδιον, δόλιχος, ὁπλῖται, δίαυλος, τὰ βαρύτερα δὲ παγκράτιον, πάλη, πύκται. πένταθλος δὲ ἀμφοῖν συνηρμόσθη· παλαῖσαι μὲν γὰρ καὶ δισκεῦσαι βαρεῖς, τὸ δὲ ἀκοντίσαι καὶ πηδῆσαι καὶ δραμεῖν κοῦφοί εἰσι.

πρὸ μὲν δὴ Ἰάσονος καὶ Πηλέως ἅλμα ἐστεφανοῦτο ἰδίᾳ καὶ δίσκος ἰδίᾳ καὶ τὸ ἀκόντιον ἤρκει ἐς νίκην κατὰ τοὺς χρόνους, οὓς ἡ Ἀργὼ ἔπλει· Τελαμὼν μὲν κράτιστα ἐδίσκευε, Λυγκεὺς δὲ ἠκόντιζεν, ἔτρεχον δὲ καὶ ἐπήδων οἱ ἐκ Βορέου, Πηλεὺς δὲ ταῦτα μὲν ἦν δεύτερος, ἐκράτει δὲ ἁπάντων πάλῃ. ὁπότ' οὖν ἠγωνίζοντο ἐν Λήμνῳ, φασὶν Ἰάσονα Πηλεῖ χαριζόμενον συνάψαι τὰ πέντε καὶ Πηλέα τὴν νίκην οὕτω συλλέξασθαι πολεμικώτατόν τε νομισθῆναι τῶν ἐφ' ἑαυτοῦ διά τε τὴν ἀρετὴν, ᾗ ἐχρῆτο εἰς τὰς μάχας, διά τε τὴν εἰς τὰ πέντε ἐπιτήδευσιν οὕτω πολεμικὴν οὖσαν, ὡς καὶ ἀκοντίζειν ἐν τοῖς ἄθλοις.

(4)[1] δολίχου δὲ αἰτία ἦν ἥδε· δρομοκήρυκες ἐξ Ἀρκαδίας ἐφοίτων εἰς τὴν Ἑλλάδα τῶν πολεμικῶν ἄγγελοι, καὶ ἀπείρητο αὐτοῖς μὴ ἱππεύειν, ἀλλ' αὐτουργοὺς εἶναι τοῦ δρόμου. τὸ ἀεὶ οὖν ἐν βραχεῖ τῆς ἡμέρας διαδραμεῖν στάδια ὁπόσα ὁ δόλιχος, δρομοκήρυκας εἰργάζετο καὶ ἐγύμναζε τῷ πολέμῳ.

[1] § 4 ist auch im Platon-Scholion überliefert; s. S. 25.

Die Sportarten

Einteilung

(3) In der Gesamtheit der Wettkämpfe sind folgende die leichten Sportarten: Stadionlauf, Langstreckenlauf, Waffenlauf und Doppellauf; die schwereren aber Pankration, Ringkampf und Boxen. Das *Pentathlon* (der „Fünfkampf") wurde aus beiderlei Sportarten zusammengesetzt: Ringen und Diskos sind schwer, Speerwurf, Sprung und Lauf leicht.

Entstehung

Pentathlon

Vor (den Argonauten) Iason und Peleus wurde dem Sprung und dem Diskos jeweils für sich ein Siegeskranz erteilt; der Speerwurf genügte zu der Zeit, als die Argo unterwegs war, ebenfalls für einen Sieg. Telamon war der beste im Diskoswurf, Lynkeus im Speerwurf, im Lauf und Sprung die Söhne des Boreas. Peleus aber war hierin nur Zweiter, überragte jedoch alle im Ringkampf. Als sie nun auf Lemnos Wettkämpfe abhielten, soll Iason dem Peleus zu Gefallen die fünf Kämpfe verbunden haben; Peleus habe auf diese Weise den Sieg errungen und den Ruf des Kriegstüchtigsten seiner Zeit gewonnen – sowohl wegen seiner Exzellenz, die er in den Schlachten an den Tag legte, als auch wegen der Erfolge im *Pentathlon*, das kriegerisch ist, als man in den Wettkämpfen auch mit Speeren schießt.

Langstreckenlauf

(4) Der Ursprung des Langstreckenlaufs war folgender: Eilboten kamen immer wieder als Verkünder in Kriegsfragen (der *ekecheiria*, s. S. 10) von Arkadien (auf der Peloponnes) nach Hellas; ihnen war aufgetragen, nicht zu reiten, sondern selbst zu laufen. Die Tatsache, dass sie nun jeweils in der Kürze des Tages so viele Stadien durcheilten, wie der Langstreckenlauf umfasst, machte sie zu Eilboten und trainierte sie für den Krieg.

(5) στάδιον δὲ ὧδε εὕρηται· θυσάντων Ἠλείων ὁπόσα νομίζουσι, διέκειντο μὲν ἐπὶ τοῦ βωμοῦ τὰ ἱερά, πῦρ δὲ αὐτοῖς οὔπω ἐνέκειτο. στάδιον δὲ οἱ δρομεῖς ἀπεῖχον τοῦ βωμοῦ καὶ εἱστήκει πρὸ αὐτοῦ ἱερεὺς λαμπαδίῳ βραβεύων· καὶ ὁ νικῶν ἐμπυρίσας τὰ ἱερὰ ὀλυμπιονίκης ἀπῄει.

(6) ἐπεὶ δὲ Ἠλεῖοι θύσειαν, ἔδει μὲν καὶ τοὺς ἀπαντῶντας τῶν Ἑλλήνων θύειν θεωρούς. ὡς δὲ μὴ ἀργῶς ἡ πρόσοδος αὐτῶν γίγνοιτο, ἔτρεχον οἱ δρομεῖς ἀπὸ τοῦ βωμοῦ στάδιον οἷον καλοῦντες τὸ Ἑλληνικόν καὶ πάλιν ἐς ταὐτὸν ὑπέστρεφον οἷον ἀγγέλλοντες, ὅτι δὴ ἀφίξοιτο ἡ Ἑλλὰς χαίρουσα. ταῦτα μὲν οὖν περὶ διαύλου <αἰτίας>.

(7) δρόμοι δὲ ὁπλῖται παλαιοὶ μὲν καὶ μάλιστα κατὰ Νεμέαν, οὓς ἐνόπλους τε καὶ ἱππίους ὀνομάζουσιν, ἀνάκεινται δὲ τοῖς ἀμφὶ Τυδέα τοῖς ἑπτά. ὁ δέ γε Ὀλυμπικὸς ὁπλίτης ὡς μὲν Ἠλεῖοί φασιν ἐτέθη διὰ ταῦτα· πόλεμον Ἠλεῖοι Δυμαίοις ξυνῆψαν οὕτω τοι ἀκήρυκτον, ὡς μηδὲ τὰ Ὀλύμπια ἀνοχὰς εἶναι νικώντων δ' αὐτῶν [Ἠλείων] κατὰ τὴν τῶν ἄθλων ἡμέραν ὁπλίτης λέγεται τῶν ἀπὸ τῆς μάχης ἐσδραμεῖν ἐς τὸ στάδιον εὐαγγέλια ἀπάγων τῆς νίκης.

ταυτὶ δὲ πιθανὰ μέν, ἀκούω δ' αὐτὰ καὶ Δελφῶν, ἐπειδὴ πρὸς ἐνίας τῶν Φωκίδων ἐπολέμησαν, καὶ Ἀργείων, ἐπειδὴ πολέμῳ συνεχεῖ πρὸς Λακεδαιμονίους ἐτρίβοντο, καὶ Κορινθίων, ἐπειδὴ καὶ ἐν αὐτῇ Πελοποννήσῳ καὶ ὑπὲρ τὰ ὅρια τοῦ Ἰσθμοῦ ἐπολέμουν·

Stadionlauf

(5) Den Stadionlauf hat man so erfunden: Als die Eleer, wie ihre Satzung es vorschreibt, ein Opfer darbrachten, lagen zwar auf dem Altar die Opfergaben bereit, Feuer jedoch war an sie noch nicht angelegt. Die Läufer waren 1 Stadion vom Altar entfernt, und vor ihm stand ein Priester als Schiedsrichter mit einer Fackel. Der Sieger zündete das Opfer an und ging als Olympiasieger hervor.

Doppellauf

(6) Nachdem aber die Eleer geopfert hatten, mussten auch die Festgesandten der Hellenen opfern, die sich eingefunden hatten. Damit aber deren Ankunft nicht ohne Zeremoniell vor sich gehe, liefen die Läufer 1 Stadion weit vom Altar weg, wie um das *Hellenikon* (Griechentum) einzuladen, und kehrten wieder dahin zurück, als meldeten sie, dass Hellas also mit Freuden kommen wolle. Soviel nun über den Ursprung des Doppellaufs.

Waffenlauf

(7) Der Lauf in Waffenrüstung ist altertümlich, insbesondere der in Nemea, wo man ihn Waffenlauf und Pferdelauf nennt. Er ist dem Tydeus und seinen Gefährten geweiht, den bekannten Sieben (gegen Theben). Der Waffenlauf in Olympia aber wurde, wie die Eleer behaupten, aus folgenden Gründen eingesetzt: Die Eleer begannen mit den Dymaiern einen so unversöhnlichen Krieg, dass selbst die Olympien keinen Waffenstillstand (s. S. 10) brachten, und als die Eleer am Tag der Wettkämpfe siegten, soll ein Schwerbewaffneter aus der Schlacht in die Rennbahn gelaufen gekommen sein und die Freudenbotschaft des Sieges überbracht haben.

Dies ist an sich plausibel, ich höre aber das Gleiche auch von den Delphern, als sie gegen einige der Phokerstädte Krieg führten, und von den Argeern, als sie sich in einem langwierigen Krieg gegen die Lakedaimonier (Spartaner) aufrieben, und von den Korinthern, als sie sowohl auf der Peloponnes selbst als auch über die Grenzen des Isthmos hinaus Krieg führten.

ἐμοὶ δὲ ἕτερα περὶ ὁπλίτου δοκεῖ· φημὶ γὰρ νενομίσθαι μὲν αὐτὸν ἐκ πολεμικῆς αἰτίας, παριέναι <δ’> δὲ ἐς τοὺς ἀγῶνας πολέμου ἀρχῆς ἕνεκα δηλούσης τῆς ἀσπίδος, ὅτι πέπαυται ἐκεχειρία, δεῖ δὲ ὅπλων. εἰ δὲ μὴ ῥᾳθύμως ἀκούεις τοῦ κήρυκος, ὁρᾷς ὡς ἐπὶ πάντων κηρύττει λήγειν μὲν τὸν τῶν ἄθλων ταμίαν ἀγῶνα, τὴν σάλπιγγα δὲ τὰ τοῦ Ἐνυαλίου σημαίνειν προκαλουμένην τοὺς νέους ἐς ὅπλα. κελεύει δὲ τουτὶ τὸ κήρυγμα καὶ τοὔλαιον ἀραμένους ἐκποδών ποι φέρειν, οὐχ ὡς ἀλειφομένους, ἀλλ’ ὡς πεπαυμένους τοῦ ἀλείφεσθαι.

(8) ἄριστος δὲ ὁ κατὰ Βοιωτίαν καὶ Πλάταιαν ὁπλίτης ἐνομίζετο διά τε τὸ μῆκος τοῦ δρόμου διά τε τὴν ὅπλισιν ποδήρη οὖσαν καὶ σκεπάζουσαν τὸν ἀθλητήν, ὡς ἂν εἰ καὶ μάχοιτο, διά τε τὸ ἐπ’ ἔργῳ λαμπρῷ κεῖσθαι τῷ Μηδικῷ διά τε τὸ νομίσαι ταῦτα Ἕλληνας κατὰ βαρβάρων καὶ μὴν καὶ διὰ τὸν νόμον τὸν ἐπὶ τοῖς ἀγωνιουμένοις κείμενον, <ὃν ἔθετο πάλαι> ἡ Πλάταια· τὸν γὰρ ἤδη παρ’ αὐτοῖς ἐστεφανωμένον, εἰ ἀγωνίζοιτο αὖθις, ἐγγυητὰς ἔδει καταστῆσαι τοῦ σώματος θάνατος γὰρ ἡττωμένῳ προσετέτακτο.

(9) πυγμὴ δὲ Λακωνικὸν εὕρημα καὶ ἐς Βέβρυκάς ποτε βαρβάρους ἦλθεν ἄριστά τε αὐτῇ Πολυδεύκης ἐχρῆτο, ὅθεν οἱ ποιηταὶ αὐτὸν ἐκ τούτων ᾖδον. ἐπύκτευον δὲ οἱ ἀρχαῖοι Λακεδαιμόνιοι διὰ τάδε· κράνη Λακεδαιμονίοις οὐκ ἦν οὐδ’ ἐγχώριον ἡγοῦντο τὴν ὑπ’ αὐτοῖς μάχην, ἀλλ’ ἦν ἀσπὶς ἀντὶ κράνους τῷ μετ’ ἐπιστήμης φέροντι. ὡς οὖν φυλάττοιντο μὲν τὰς κατὰ τοῦ προσώπου πληγάς, πληττόμενοι δὲ ἀνέχοιντο, πυγμὴν ἐπήσκησαν καὶ τὰ πρόσωπα οὕτως ἐξεγυμνάζοντο.

Ich jedoch habe über den Waffenlauf eine andere Ansicht. Ich glaube nämlich, dass seine Einführung in einem ursächlichen Zusammenhang zum Krieg steht, aber nur wegen des Wiederbeginns des Kriegszustandes in die Wettkämpfe Aufnahme findet, indem der Schild andeutet, dass die *Ekecheiria* (der Festfrieden, s. S. 10) vorüber ist und man Waffen nötig hat. Und wenn man nicht gedankenlos dem Herold zuhört, so sieht man, dass er vor dem gesamten Volk verkündet, der Wettkampf – der „Bringer der Preise" – höre auf und die Trompete lasse das Signal des (Ares) Enyalios (s. S. 16) erschallen, das die Jugend zu den Waffen ruft. Dieser Heroldsruf befiehlt auch, das Öl zu nehmen und wegzutragen – nicht zum Einölen (s. S. 12), sondern zum Zeichen, dass das Einölen aufgehört hat.

(8) Als der hervorragendste Waffenlauf galt der von Plataiai in Boiotien wegen der Länge der Bahn und wegen der Rüstung, die bis an die Füße reicht und den Sportler bedeckt, als hätte er auch zu kämpfen, und weil er anlässlich einer glänzenden Kriegstat, der Mederschlacht (479 v. Chr.; s. S. 16), eingesetzt war, und weil sie gegen die Barbaren eingerichtet war und insbesondere auch wegen der für die angemeldeten Kämpfer bestehenden Satzung, die Plataiai seinerzeit gegeben hat (derzufolge ein Sieger nicht besiegt werden durfte). Wer nämlich bei ihnen einmal den Siegeskranz erhalten hatte, musste, falls er wieder antrat, Leibbürgen stellen: Unterlag er, war ihm der Tod bestimmt.

Boxen

(9) Das Boxen ist eine Erfindung der Lakedaimonier und fand einst Eingang bei den barbarischen Bebrykern. Am besten übte ihn Polydeukes aus, weshalb die Dichter (z.B. Homer, Ilias 3,237; Odyssee 11,300) ihn aus diesem Grund besangen. Es boxten aber die alten Lakedaimonier aus folgendem Anlass: Die Lakedaimonier hatten keine Helme und hielten auch den Kampf mit Helmen nicht für landesüblich; vielmehr ersetzte der Schild, wenn ihn einer zu tragen verstand, den Helm. Um nun die gegen das Gesicht gerichteten Schläge zu parieren oder, wenn sie getroffen hatten, auszuhalten, übten sie das Boxen und suchten das Gesicht auf diese Weise abzuhärten.

προϊόντες δὲ μεθῆκαν τὸ πυκτεύειν καὶ τὸ παγκρατιάζειν ὁμοίως αἰσχρὸν ἡγούμενοι διαγωνίζεσθαι ταῦτα, ἐν οἷς ἔστιν ἑνὸς ἀπειπόντος διαβεβλῆσθαι τὴν Σπάρτην ὡς μὴ εὔψυχον.

(10)[1] ὥπλιστο δὲ ἡ ἀρχαία πυγμὴ τὸν τρόπον τοῦτον· εἰς στρόφιον οἱ τέτταρες τῶν δακτύλων ἐνεβιβάζοντο καὶ ὑπερέβαλλον τοῦ στροφίου τοσοῦτον, ὅσον εἰ συνάγοιντο πὺξ εἶναι, ξυνείχοντο δὲ ὑπὸ σειρᾶς, ἣν καθάπερ ἔρεισμα ἐβέβληντο ἐκ τοῦ πήχεος. νυνὶ δὲ αὖ μεθέστηκε· ῥινοὺς γὰρ τῶν πιοτάτων βοῶν δέψοντες ἱμάντα ἐργάζονται πυκτικὸν ὀξὺν καὶ προεμβάλλοντα, ὁ δέ γε ἀντίχειρ οὐ ξυλλαμβάνει τοῖς δακτύλοις τοῦ πλήττειν ὑπὲρ συμμετρίας τῶν τραυμάτων, ὡς μὴ πᾶσα ἡ χεὶρ μάχοιτο. ὅθεν τοὺς ἱμάντας τοὺς ἀπὸ τῶν συῶν ἐκκρίνουσι τῶν σταδίων ὀδυνηρὰς ἡγούμενοι τὰς ἀπ' αὐτῶν πληγὰς καὶ δυσιάτους.

(11) πάλη δὲ καὶ παγκράτιον ὡς ἐς τὸ πρόσφορον τῷ πολέμῳ εὕρηται, πρῶτον μὲν δηλοῖ τὸ Μαραθῶνι ἔργον διαπολεμηθὲν οὕτως Ἀθηναίοις, ὡς ἀγχοῦ πάλης φαίνεσθαι [προσόντος πολέμου τῷ ἔργῳ], δεύτερον δὲ τὸ ἐν Θερμοπύλαις, ὅτε Λακεδαιμόνιοι κλασθέντων αὐτοῖς ξιφῶν τε καὶ δοράτων πολλὰ ταῖς χερσὶ γυμναῖς ἔπραξαν.

ὁπόσα δέ ἐστιν ἐν ἀγωνίᾳ, προτετίμηται πάντων τὸ παγκράτιον καίτοι συγκείμενον ἐξ ἀτελοῦς πάλης καὶ ἀτελοῦς πυγμῆς· προτετίμηται δὲ παρ' ἑτέροις, ὡς Ἠλεῖοί γε τὴν πάλην καρτερὰν νενομίκασι καὶ ἀλεγεινὴν κατὰ τοὺς ποιητάς οὐ μόνον ἐπὶ ταῖς διαπλοκαῖς τῶν παλαισμάτων, αἷς δεῖ τοῦ σώματος ὑγροῦ καὶ εὐκόλου, ἀλλὰ καὶ τῷ παρ' αὐτοῖς ἀγωνίζεσθαι τρίς, ἐπεὶ δεῖ τοσούτων διαπτωμάτων.

[1] § 10 ist auch im Platon-Scholion überliefert, s. S. 25.

Im Lauf der Zeit aber gaben sie das Boxen und ebenso das Pankration auf, indem sie es für schändlich hielten, sich an Wettkämpfen zu beteiligen, bei denen die Gefahr besteht, dass, wenn sich auch nur einer ergibt, ganz Sparta dem Vorwurf der Feigheit verfallen könnte.

(10) Ausgerüstet war man beim Boxen in alter Zeit auf folgende Weise: In einen Riemen (s. S. 11) wurden die vier Finger gewickelt; sie ragten aus dem Riemen so weit hervor, dass sie, wenn man sie schloss, eine Faust bilden konnten. Zusammengehalten wurden sie durch ein (weiches) Band, das man als Halt am Unterarm befestigt trug. Heute jedoch hat sich das geändert: Man gerbt die Haut sehr fetter Rinder und verfertigt einen scharfen, vorragenden Schlagriemen, der Daumen aber beteiligt sich zur Vermeidung übermäßiger Verwundungen nicht mit den anderen Fingern am Schlag, damit nicht die ganze Hand kämpft. Deshalb verbannt man Riemen aus Schweinsleder aus den Stadien, da man die von ihnen geschlagenen Wunden für schmerzhaft und schwer heilbar hält.

Ringen und Pankration

(11) Dass Ringen und Pankration zum Nutzen des Kriegs erfunden sind, beweisen zuallererst die Kriegstat bei Marathon (490 v. Chr.; s. S. 16), die von den Athenern so ausgeführt wurde, dass sie einem Ringkampf ähnelte, und sodann die bei den Thermopylai (480 v. Chr.), da die Lakedaimonier, als ihnen die Schwerter und Lanzen zerbrachen, vielfach mit bloßen Händen kämpften.

Unter allen Wettkämpfen, die üblich sind, ragt das Pankration heraus, obwohl es eigentlich aus unvollkommenem Ringen und unvollkommenem Boxen zusammengesetzt ist. Den höchsten Rang jedenfalls hat es bei allen außer bei den Eleern, indem diese den Ringkampf als Kraftprobe und – um ein Dichterwort (Homer, Ilias 23, 701; Odyssee 8,126) zu gebrauchen – als „leidvoll“ ansehen, nicht bloß wegen der Verschlingungen bei den Ringergriffen, die einen geschmeidigen und flinken Körper voraussetzen, sondern auch wegen des bei ihnen vorgeschriebenen dreimaligen Vorkampfes, in dem so viele Niederlagen erforderlich sind.

παγκράτιον γοῦν καὶ πυγμὴν [καὶ πάλην] ἀκονιτὶ στεφανοῦν δεινὸν ἡγούμενοι τὸν παλαιστὴν οὐκ ἀπελαύνουσιν, ἐπειδὴ ὁ νόμος τὴν τοιάνδε νίκην μόνῃ ξυγχωρεῖν φησι τῇ γυρᾷ καὶ ταλαιπώρῳ πάλῃ.

καὶ σαφὴς ἔμοιγ' οὖν ἡ αἰτία, δι' ἣν ὁ νόμος οὕτω προστάττει· τοῦ γὰρ δὴ ἀγωνίσασθαι ἐν Ὀλυμπίᾳ δεινοῦ ὄντος χαλεπώτερον ἔτι τὸ γυμνάζεσθαι δοκεῖ.

τὰ μὲν οὖν τῶν κούφων γυμνάσεται ὁ δολιχοδρόμος ὀκτώ που ἢ δέκα στάδια καὶ ὁ πένταθλος τὸ δεῖν' ἀπὸ τῶν κούφων, οἱ δρομεῖς δίαυλον ἢ στάδιον ἢ ἄμφω ἀπὸ τῶν τριῶν. χαλεπὸν ἀπὸ τῶν τοιούτων οὐδέν· ὁ γὰρ τρόπος τῶν κούφων γυμνασίων ὁ αὐτός, ἥν τε Ἠλεῖοι γυμνάζωσιν, ἥν τε ἕτεροι.

ὁ δὲ βαρύτερος ἀθλητὴς γυμνάζεται μὲν ὑπὸ Ἠλείων κατὰ τὴν ὥραν τοῦ ἔτους, ὅτε μάλιστα ὁ ἥλιος τὴν ἰλὺν ἐν κοίλῃ Ἀρκαδίᾳ αἴθει, κόνιν δ' ἀνέχεται θερμοτέραν τῆς Αἰθιόπων ψάμμου, καρτερεῖ δὲ ἐκ μεσημβρίας ἀρξάμενος. καὶ τούτων οὕτω ταλαιπώρων ὄντων τὸ ἐπιπονώτατον οἱ παλαισταί εἰσιν· ὁ μὲν γὰρ πύκτης, ἐπειδὰν ὁ τοῦ σταδίου καιρὸς ἥκῃ, τρωθήσεται καὶ τρώσει καὶ προσβήσεται ταῖς κνήμαις, γυμναζόμενος δὲ σκιὰν τῆς ἀγωνίας ἐπιδείξεται, καὶ ὁ παγκρατιαστὴς ἀγωνιεῖται μὲν πάντα τρόπον, ὁπόσοι ἐν παγκρατίῳ εἰσί, γυμνάσεται δὲ ἄλλοτε [καὶ] ἄλλῳ, πάλη δὲ ταὐτὸν μὲν ἐν προάγωνι, ταὐτὸν δὲ καὶ ἐν ἀγῶνι· παρέχεται γὰρ ἑκατέρα πεῖραν, ὁπόσα οἶδε καὶ ὁπόσα δύναται, γυρά τε εἰκότως εἴρηται· γυρὸν γὰρ πάλης καὶ τὸ ὀρθόν ὅθεν Ἠλεῖοι στεφανοῦσι τὸ γυμναστικώτατον καὶ μόνον τὸ γεγυμνάσθαι.

Während sie es also für unerhört halten, beim Pankration und Boxen den Kranz *akoniti* (staub-, also kampflos; s. S. 12) zu verleihen, weisen sie den Ringer nicht zurück, da die Satzung einen solchen Sieg ausdrücklich dem verschlungenen und mühevollen Ringkampf allein zugesteht.

Bedeutung des Trainings

Mir nun ist der Grund klar, weshalb die Satzung solches vorschreibt: Ist schon die Teilnahme am Wettkampf in Olympia eine gewaltige Leistung, so erscheint das Training noch schwieriger!

Was nämlich die leichten Trainings anlangt, so wird der Langstreckenläufer etwa 8 bis 10 Stadien trainieren, der Pentathlon-Kämpfer irgend eine von den leichten Übungen machen, und die Läufer von den drei Arten des Laufes den Doppellauf oder den Stadionlauf oder beide. Schwierig ist von all dem nichts: Die Beschaffenheit der leichten Übungen ist ja die gleiche, ob die Eleer oder andere das Training vorschreiben.

Der schwere Sportler jedoch wird von den Eleern in der Jahreszeit trainiert, in der die Sonne den Schlamm im Tiefland Arkadias am meisten versengt; er muss Staub ertragen, der heißer als der Sand Aithiopias ist, und muss von Mittag an ausharren. Unter diesen mühevollen Übungen ist die anstrengendste das Ringen: Der Boxer wird ja, wenn seine Zeit im Stadion kommt, Wunden empfangen und austeilen und wird den Fußstoß gegen das Schienbein anbringen, beim Training aber wird er nur einen Scheinkampf aufführen. Der Pankratiast wird im Ernstkampf alle Formen anwenden, die es beim Pankration gibt, im Training aber einmal diese, einmal jene. Das Ringen aber ist das gleiche im Probe- wie auch im Ernstkampf, denn beidemal bietet es den Beweis, wie viel einer versteht und beherrscht. Es heißt zu Recht „verschlungen“, denn Verschlingungen kommen auch beim Ringen im Stand vor. Daher verleihen die Eleer dem am besten Trainierten, sogar für das Training allein den Siegeskranz.

(12) παρελθεῖν δὲ ταῦτα οὐχ ὁμοῦ πάντα ἐς τοὺς ἀγῶνας, ἐπ' ἄλλῳ δὲ ἄλλο εὑρισκόμενόν τε ὑπὸ τῆς γυμναστικῆς καὶ ἀποτελούμενον. ἦν μὲν γὰρ τὰ πάλαι Ὀλύμπια ἐς τὴν τρίτην ἐπὶ δέκα Ὀλυμπιάδα σταδίου μόνου, καὶ ἐνίκων ἐν αὐτοῖς Ἠλεῖοι τρεῖς, ἑπτὰ Μεσσήνιοι, Κορίνθιος, Δυμαῖος, Κλεωναῖος, ἄλλος ἄλλην Ὀλυμπιάδα, δύο δὲ οὐδεὶς ὁ αὐτός.

ἐπὶ δὲ τῆς τετάρτης ἐπὶ δέκα δίαυλος μὲν ἤρξατο, Ὑπήνου δὲ ἐγένετο Ἠλείου ἡ ἐπ' αὐτῷ νίκη. μετ' ἐκείνην δολίχου ἀγὼν καὶ ἐνίκα Σπαρτιάτης Ἄκανθος.

ἀνδρῶν δὲ πένταθλον καὶ ἀνδρῶν πάλην ἤσκησεν ἡ ὀγδόη ἐπὶ δέκα Ὀλυμπιάς· ἐνίκα δὲ πάλην μὲν Εὐρύβατος Λουσιεύς, τὰ δὲ πέντε Λάμπις Λάκων. εἰσὶ δὲ οἳ καὶ τὸν Εὐρύβατον Σπαρτιάτην γράφουσιν.

ἡ δὲ τρίτη καὶ εἰκοστὴ Ὀλυμπιὰς ἄνδρα ἤδη ἐκάλει πύκτην καὶ κρατίστως ὁ Σμυρναῖος Ὀνόμαστος πυκτεύσας ἐνίκησεν ἐπιγράψας τὴν Σμύρναν ἔργῳ καλῷ· ὁπόσαι γὰρ πόλεις Ἰωνικαί τε καὶ Λύδιοι, ὅσαι καθ' Ἑλλήσποντόν τε καὶ Φρυγίαν, καὶ ὁπόσα ἔθνη ἀνθρώπων ἐν Ἀσίᾳ εἰσί, ταῦτα ὁμοῦ ξύμπαντα ἡ Σμύρνα ὑπερεβάλετο καὶ στεφάνου Ὀλυμπικοῦ πρώτη ἔτυχε· καὶ νόμους ἔγραψεν ὁ ἀθλητὴς οὗτος πυκτικούς, οἷς ἐχρῶντο οἱ Ἠλεῖοι διὰ σοφίαν τοῦ πύκτου, καὶ οὐκ ἤχθοντο οἱ Ἀρκάδες, εἰ νόμους ἔγραψέ τις αὐτοῖς ἐναγωνίους ἐξ Ἰωνίας ἥκων τῆς ἁβρᾶς.

κατὰ δὲ τὴν τρίτην καὶ τριακοστὴν Ὀλυμπιάδα παγκράτιον μὲν ἐτέθη μήπω τεθὲν Λύγδαμις δὲ ἐνίκα Συρακούσιος· μέγας δὲ οὕτω τις ὁ Σικελιώτης ἦν, ὡς τὸν πόδα ἰσόπηχυν εἶναι· τὸ γοῦν στάδιον ἀναμετρῆσαι λέγεται τοσούτοις ἑαυτοῦ ποσίν, ὅσοι τοῦ σταδίου πήχεις νομίζονται.

Einführung in Olympia

(12) Eingang in die Wettkämpfe aber fand all dies angeblich nicht gleichzeitig, sondern eines nach dem anderen, wie es von der Trainingslehre erfunden und ausgebildet wurde. Es bestanden nämlich ehemals die Olympischen Spiele bis zur 13. Olympiade (728 v. Chr.) nur aus dem Stadionlauf, und es siegten darin drei Männer aus Elis (bei Olympia), sieben aus Messene, einer aus Korinth, einer aus Dyme, einer aus Kleonai, und zwar jeder in einer anderen Olympiade, nie aber ein- und derselbe in zweien.

In der 14. Olympiade (724) begann der Doppellauf; dem Hypenos aus Elis wurde der Sieg darin zuteil. In der danach (15. Olympiade; 720) kam der Wettkampf im Langstreckenlauf; Sieger war der Spartiate Akanthos.

Wettkämpfe der Männer

Das Männer-Pentathlon und das Männer-Ringen brachte die 18. Olympiade (708); Sieger war im Ringen Eurybatos aus Lousoi, im Pentathlon der Lakonier Lampis. Manche aber verzeichnen auch den Spartiaten Eurybatos.

Die 23. Olympiade (688) rief die Männer zum Boxen, und als bester Boxer siegte Onomastos aus Smyrna und verknüpfte so Smyrnas Namen mit einer herrlichen Tat. Alle Poleis Ioniens und Lydiens, alle am Hellespont und in Phrygien und alle Volksstämme, die in Asia leben – sie allesamt überflügelte Smyrna mit einem Schlag und erlangte als erstes (von den Städten in Asia) einen olympischen Siegeskranz. Und dieser Sportler schrieb Satzungen für das Boxen, die wegen der Sachkenntnis des Boxers die Eleer beachteten, und sogar die Arkader nahmen keinen Anstoß, dass ihnen einer Satzungen verfasste, der aus dem weichlichen Ionien gekommen war.

In der 33. Olympiade (648) wurde das Pankration eingesetzt, das noch nicht bestand, und Lygdamis aus Syrakus war Sieger. Der Sizilier war so groß, dass er einen Fuß hatte, der 1 Elle (1½ Fuß) lang war. Er soll nun das Stadion mit so viel eigenen Fußlängen abgemessen haben wie das Stadion Ellen zählt.

(13) φασὶ καὶ παῖδα πένταθλον παρελθεῖν ἐκεῖ κατὰ τὴν ὀγδόην καὶ τριακοστήν, ὅτε νικῆσαι μὲν Εὐτελίδαν Λακεδαιμόνιον, τὴν δὲ ἰδέαν ταύτην μηκέτι ἀγωνίσασθαι παῖδα ἐν Ὀλυμπίᾳ.

ὁ δὲ νικήσας τὸ τῶν παίδων στάδιον κατὰ τὴν ἕκτην καὶ τεσσαρακοστὴν – τότε γὰρ πρῶτον ἐτέθη – παῖς ἦν αἰπολος Πολυμήστωρ ὁ Μιλήσιος, ὃς τῇ ῥύμῃ τῶν ποδῶν λαγὼν ἔφθανε.

πυγμὴν δὲ παίδων οἱ μὲν φασὶν ἐπὶ τῆς πρώτης καὶ τεσσαρακοστῆς ἄρξασθαι Ὀλυμπιάδος, καὶ Φ<ιλύταν Συ>βαρίτην νενικηκέναι, οἱ δὲ ἐπὶ τῆς ἑξηκοστῆς, ἐνίκα δὲ <κατ' αὐτοὺς Λεο>κρέων ἐκ Κέω τῆς νήσου.

Δαμάρετος δὲ κατὰ τὴν ἑξηκοστὴν πέμπτην πρῶτος ὁπλίτου λέγεται τυχεῖν Ἡραεύς, οἶμαι, ὤν.

ἑκατοστῇ καὶ τεσσαρακοστῇ καὶ πέμπτῃ Ὀλυμπιάδι παιδὸς παγκρατιαστὴν ἐνέγραψαν <ἀγῶνα> οὐκ οἶδα ἐξ ὅτου βραδέως αὐτὸν νομίσαντες εὐδοκιμοῦντα ἤδη παρ' ἑτέροις· ὀψὲ γὰρ τῶν Ὀλυμπιάδων Αἰγύπτου ἤδη στεφανουμένης ἤρξατο, κἀκείνη δὲ ἡ νίκη [καὶ] Αἰγυπτία ἐγένετο· Ναύκρατις οὖν ἀνεῤῥήθη νικῶντος Αἰγυπτίου Φαιδίμου.

ταῦτα οὐκ ἄν μοι δοκεῖ καθ' ἓν οὑτωσὶ παρελθεῖν ἐς ἀγῶνας, οὐδὲ ἂν σπουδασθῆναί ποτε Ἠλείοις τε καὶ Ἕλλησι πᾶσιν, εἰ μὴ γυμναστικὴ ἐπεδίδου καὶ ἤσκει αὐτά· καὶ γὰρ αὗται τῶν ἀθλητῶν αἱ νῖκαι καὶ τοῖς γυμνασταῖς – οὐ μεῖον ἢ τοῖς ἀθληταῖς – πρόσκεινται.

Wettkämpfe der Knaben

(13) Es heißt, dass auch der Knaben-Pentathlon dort Eingang fand, und zwar in der 38. Olympiade (628). Damals habe der Lakedaimonier Eutelidas gesiegt, in dieser Sportart aber sei nie wieder ein Knabe in Olympia aufgetreten.

Der Sieger im Knaben-Stadionlauf in der 46. Olympiade (596) – damals wurde er nämlich erstmals durchgeführt (anders Pausanias; s. S. 117) – war der Hirtenknabe Polymestor aus Miletos, der mit der Kraft seiner Füße einen Hasen überholen konnte.

Das Boxen der Knaben soll den einen zufolge in der 41. Olympiade (616) begonnen und es soll Philytas aus Sybaris (in Unteritalien) gesiegt haben, anderen zufolge in der 60. (540), und Sieger sei Leokreon von der Insel Keos gewesen.

Damaretos, der – wie ich glaube – aus Heraia stammte, war – so heißt es – in der 65. Olympiade (520) der erste, der im Waffenlauf Erfolg hatte.

In der 145. Olympiade (200) nahm man das Knaben-Pankration in die Liste auf, dessen Einführung man mit mir unbegreiflicher Verzögerung verfügte, da es anderenorts schon angesehen war. Erst spät in der Olympiadenreihe – Ägypten war bereits als Teilnehmer zugelassen – begann es, und gleich fiel der Sieg auch Ägypten zu: Naukratis nämlich wurde ausgerufen, da der Ägypter Phaidimos Sieger war.

Bedeutung des Trainings

Diese Wettkämpfe hätten, wie mir scheint, nicht so einer nach dem anderen in die Kampfspiele Eingang finden können, und die Eleer und alle Hellenen hätten sich nie dafür begeistern können, wenn die Trainingslehre nicht Fortschritte gemacht und sie ausgebildet hätte; denn die angeführten Siege der Sportler kommen den Trainern – nicht weniger als den Sportlern – zu!

(14) τί οὖν χρὴ περὶ γυμναστικῆς γινώσκειν; τί δ' ἄλλο ἢ σοφίαν αὐτὴν ἡγεῖσθαι ξυγκειμένην μὲν ἐξ ἰατρικῆς τε καὶ παιδοτριβικῆς, οὖσαν δὲ τῆς μὲν τελεωτέραν, τῆς δὲ μόριον. ὁπόσον δὲ ἀμφοῖν μετέσχηκεν, ἐγὼ δηλώσω·

παλαισμάτων εἴδη ὁπόσα ἐστί, δηλώσει ὁ παιδοτρίβης καιρούς τε ὑποτιθέμενος καὶ ὁρμὰς καὶ μέτρα καὶ ὅπως ἄν τις ἢ φυλάττοιτο ἢ φυλαττομένου κρατοίη, διδάξει δὲ καὶ ὁ γυμναστὴς εἰδότα μήπω τὸν ἀθλητὴν ταῦτα. ἀλλ' ἔστιν ὅπου μεταχειρίσασθαι δεῖ πάλην ἢ παγκράτιον ἢ καὶ πλεονέκτημα ὑπάρχον ἀντιπάλων διαφυγεῖν ἢ ἐκκροῦσαι, ὧν οὐδὲν ἂν εἰς ἐπίνοιαν ἥει τῷ γυμναστῇ μὴ καὶ τὰ τῶν παιδοτριβῶν εἰδότι. κατὰ μὲν τοῦτο δὴ ἴσαι αἱ τέχναι· χυμοὺς δὲ ἀποκαθῆραι καὶ τὰ περιττὰ ἀφελεῖν καὶ λεᾶναι τὰ κατεσκληκότα καὶ πιᾶναί τι ἢ μεταβαλεῖν ἢ θάλψαι αὐτῶν γυμνασταῖς ἐν σοφίᾳ. ἐκεῖνα ἢ οὐκ ἐπιστήσεται ὁ παιδοτρίβης ἤ, εἰ γιγνώσκοι τι, πονηρῶς ἐπὶ τοὺς παῖδας χρήσεται βασανίζων ἐλευθερίαν ἀκραιφνοῦς αἵματος.

τῆς μὲν δὴ προειρημένης ἐπιστήμης ἡ γυμναστικὴ τοσούτῳ τελεωτέρα, πρὸς δέ γε ἰατρικὴν ὧδε ἔχει· νοσήματα, ὁπόσα κατάῤῥους καὶ ὑδέρους καὶ φθόας ὀνομάζομεν καὶ ὁπόσαι ἱεραὶ νόσοι, ἰατροὶ μὲν παύουσιν ἐπαντλοῦντές τι ἢ ποτίζοντες ἢ ἐπιπλάττοντες, γυμναστικὴ δὲ τὰ τοιαῦτα διαίταις ἴσχει καὶ τρίψει. ῥήξαντά τι δὲ ἢ τρωθέντα ἢ θολωθέντα τὸ ἐν ὀφθαλμοῖς φῶς ἢ ὀλισθήσαντά τῶν ἄρθρων ἐς ἰατροὺς χρὴ φέρειν, ὡς οὐδὲν ἡ γυμναστικὴ πρὸς τὰ τοιαῦτα.

Der Trainer

Trainingslehre zwischen Turnübung und Medizin

(14) Wie also soll man die Trainingslehre auffassen? Wie sonst, als sie für eine Wissenschaft halten (s. § 1), zusammengesetzt aus der Kunst der Mediziner und der Kunst der Übungsleiter (*Paidotribeis*; s. S. 14) – aber vollkommener als letztere und von der ersteren nur ein Teil! Inwiefern sie an beiden beteiligt ist, will ich zeigen:

Alle Arten von Ringergriffen, die es gibt, wird der Übungsleiter zeigen, indem er das Timing angibt und den Kraftaufwand und das Ausmaß, ferner, wie man sich verteidigen oder die Verteidigung des anderen überwinden kann; aber auch der Trainer wird das lehren können, wenn der Sportler es noch nicht weiß. Gelegentlich gilt es auch beim Ringen und beim Pankration, Hand anzulegen oder einem Vorteil, den die Gegner haben, auszuweichen oder ihn zu parieren, wovon dem Trainer nichts bewusst wäre, wenn er nicht auch die Kunst des Übungsleiters verstünde. Soweit also sind die beiden Künste gleich. Aber die Säfte (s. S. 17) zu reinigen, das Überflüssige zu entfernen, das Dürre zu glätten, irgendeinen der Teile zu mästen, zu verändern oder zu erwärmen, gehört zur Trainingswissenschaft, denn das wird ein Übungsleiter entweder gar nicht verstehen oder, wenn er einige Kenntnis haben sollte, bei den Knaben unrichtig anwenden und so die Freiheit des frischen Bluts nur quälen.

So viel vollkommener als die eben genannte Kunst (des Übungsleiters) ist also die Trainingslehre. Zur Medizin aber verhält sie sich folgendermaßen: Krankheiten, die wir Katarrhe, Wassersucht oder Schwindsucht nennen, und die Arten der Epilepsie heilen die Ärzte durch eine Einleitung, einen Heiltrank oder ein Pflaster, die Trainingslehre aber bekämpft solche Krankheiten mit Diät und Massage. Wenn jemand aber einen Bruch, eine Verwundung, eine Sehschwäche oder eine Gliederverrenkung erlitten hat, muss man ihn zu den Medizinern bringen, da die Trainingslehre mit solchen Dingen nichts zu tun hat.

(15) ἐκ τούτων μὲν οἶμαι ἀποδεδεῖχθαί μοι, ὁπόση πρὸς ἑκατέραν ἐπιστήμην ἡ γυμναστική, δοκῶ δέ μοι κἀκεῖνο ἐν αὐτῇ ὁρᾶν·

ἰατρικὴν πᾶσαν ὁ αὐτὸς οὐδ<εὶς γινώακει, ἀλλ' ὁ μὲν τετρω>μένων, ὁ δὲ ξυνιέναι πυρεττόντων, ὁ δὲ ὀφθαλμιώντων, ὁ δὲ φ<θισι>κῶν ὑγιῶς ἅπτεται. καὶ μεγάλου ὄντος τοῦ κἂν σμικρόν τι αὐτῆς ἐξεργάσασθαι ὀρθῶς φασιν οἱ ἰατρικοὶ πᾶσαν γινώσκειν.

γυμναστικὴν δὲ οὐκ ἂν ἐπαγγείλαιτό τις ὁμοῦ πᾶσαν. ὁ γὰρ τὰ δρομικὰ εἰδὼς τὰ τῶν παλαιόντων καὶ τῶν παγκρατιαζόντων οὐκ ἐπιστήσεται ἢ ὁ τὰ βαρύτερα γυμνάζων ἀμαθῶς τῆς <ἄλλης> ἐπιστήμης ἅψεται.

(16) ξυμμετοχὴ μὲν τῆς τέχνης ἥδε, γένεσις δὲ αὐτῆς τὸ φῦναι τὸν ἄνθρωπον παλαῖσαί τε ἱκανὸν καὶ πυκτεῦσαι καὶ δραμεῖν ὀρθόν· καὶ γὰρ οὐδ' ἂν γένοιτό τι τῶν τοιούτων μὴ προϋπάρχοντος τοῦ, δι' ὃ γίγνεται, τούτου καὶ ὥσπερ χαλκευτικῆς γένεσις ὁ σίδηρος καὶ ὁ χαλκός καὶ γεωργίας γῆ καὶ τὰ ἐκ τῆς γῆς καὶ ναυτιλίας τὸ εἶναι θάλατταν, οὕτως ἡγώμεθα καὶ τὴν γυμναστικὴν ξυγγενεστάτην τε εἶναι καὶ συμφυᾶ τῷ ἀνθρώπῳ.

καὶ λόγος δὲ ᾄδεταί τις, ὡς γυμναστικὴ μὲν οὔπω εἴη, Προμηθεὺς δὲ εἴη καὶ γυμνάσαιτο μὲν ὁ Προμηθεὺς πρῶτος, γυμνάσειε δ' αὖ ἑτέρους. Ἑρμῆς ἀγασθείη τε αὐτὸν τοῦ εὑρήματος, καὶ παλαίστρα γε Ἑρμοῦ πρώτη καὶ οἱ πλασθέντες δὲ ἐκ Προμηθέως ἄνθρωποι οἵδε ἄρα [οὗτοι] οἱ ἐν τῷ πηλῷ γυμνασάμενοι [τῷ ἦσαν], οἳ πλάττεσθαι ὑπὸ τοῦ Προμηθέως ᾤοντο, ἐπειδὴ τὰ σώματα αὐτοῖς ἡ γυμναστικὴ ἐπιτήδειά τε καὶ ξυγκείμενα ἐποίει.

(15) Hiermit glaube ich gezeigt zu haben, wie sich die Trainingslehre zu beiden Wissenszweigen verhält, ich glaube aber noch folgende Beobachtung zu ihr machen zu können:

Die gesamte Medizin kann einer allein gar nicht beherrschen; vielmehr weiß der eine bei Wunden, der andere beim Fieber Bescheid, ein Dritter nimmt Augenleidende, ein Vierter Schwindsüchtige mit Erfolg in Behandlung. Und da es schon viel heißt, auch nur einen kleinen Teil der Medizin auszuüben, können die Mediziner mit Recht behaupten, dass sie den ganz verstehen.

Die Trainingslehre insgesamt aber dürfte wohl niemand als sein Fach bezeichnen: Wer die Laufübungen kennt, wird nichts vom Ringen und Pankration verstehen, oder wer in den schweren Übungen trainieren kann, wird sich sonst als in dem Fachgebiet unbewandert erweisen.

Entstehung der Trainingslehre

(16) Der Umfang dieser Kunst ist der eben angegebene, ihre Entstehung verdankt sich der natürlichen Fähigkeit des Menschen zu ringen, zu boxen und aufrecht zu laufen. So etwas würde auch nicht entstehen, wenn nicht die Vorbedingung für die Entstehung vorhanden wäre. Und wie die Entstehungsursache der Schmiedekunst das Eisen und das Erz, die des Landbaus die Erde und ihre Produkte und die der Schifffahrt das Vorhandensein des Meeres ist, so wollen wir auch festhalten, dass die Trainingslehre dem Menschen urangeboren und mit ihm verwachsen ist.

Und es geht eine Sage, dass die Trainingslehre noch nicht bestand, als Prometheus (s. S. 16) lebte, und dass Prometheus sich zuerst selbst trainierte, das Training anderer hingegen Hermes einführte und jenen wegen der Erfindung bewunderte, und dass die Palaistra (s. S. 14) des Hermes die erste war und die von Prometheus geformten Menschen eben diese waren, die sich im Schlamm (s. u. § 56) trainierten und manche glaubten, dass sie von Prometheus geformt wurden, weil die Trainingslehre ihren Körper tauglich und kräftig machte.

(17) Πυθοῖ μὲν οὖν καὶ Ἰσθμοῖ καὶ ὅπου ποτὲ τῆς γῆς ἦσαν ἀγῶνες, τρίβωνα ὁ γυμναστὴς ἀμπεχόμενος ἀλείφει τὸν ἀθλητὴν καὶ οὐδεὶς ἀποδύσει ἄκοντα, ἐν Ὀλυμπίᾳ δὲ γυμνὸς ἐφέστηκεν, ὡς μὲν δόξα ἐνίων, διελέγχοντες Ἠλεῖοι τὸν γυμναστὴν ὥρᾳ ἔτους, εἰ καρτερεῖν οἶδε καὶ θέρεσθαι, ὡς δὲ Ἠλεῖοί φασι, Φερενίκη ἡ Ῥοδία ἐγένετο Διαγόρου θυγάτηρ τοῦ πύκτου, καὶ τὸ εἶδος ἡ Φερενίκη οὕτω τι ἔρρωτο, ὡς Ἠλείοις τὰ πρῶτα ἀνὴρ δόξαι. περιῄει γοῦν ὑπὸ τρίβωνι ἐν Ὀλυμπίᾳ καὶ Πεισίροδον τὸν ἑαυτῆς υἱὸν ἐγύμναζε. πύκτης δὲ ἄρα κἀκεῖνος ἦν, εὔχειρ τὴν τέχνην καὶ μείων οὐδὲν τοῦ πάππου, ἐπεὶ δὲ ξυνῆκαν τῆς ἀπάτης, ἀποκτεῖναι μὲν τὴν Φερενίκην ὤκνησαν ἐνθυμηθέντες τὸν Διαγόραν καὶ τοὺς Διαγόρου παῖδας – ὁ γὰρ Φερενίκης οἶκος Ὀλυμπιονῖκαι πάντες –, νόμος δὲ ἐγράφη τὸν γυμναστὴν ἀποδύεσθαι καὶ μηδὲ τοῦτον ἀνέλεγκτον αὐτοῖς εἶναι.

(18) φέρει δὲ καὶ στλεγγίδα ὁ γυμναστὴς ἐκεῖ διὰ τοῦτο ἴσως· κονίσασθαι παλαίστρᾳ τὸν ἀθλητὴν ἐν Ὀλυμπίᾳ καὶ πηλοῦσθαι[1] ἀνάγκη· ἵν' οὖν μὴ λυμαίνοιντο τὴν ἕξιν, ἡ στλεγγὶς ἀναμιμνήσκει τὸν ἀθλητὴν ἐλαίου καί φησι δεῖν ἐπάγειν αὐτὸ οὕτως ἀφθόνως, ὡς καὶ ἀποστλεγγίζειν ἀλείψαντα. εἰσὶ δὲ οἵ φασιν, ὡς γυμναστὴς ἐν Ὀλυμπίᾳ τεθηγμένῃ τῇ στλεγγίδι τὸν ἀθλητὴν ἀπέκτεινε μὴ καρτερήσαντα ὑπὲρ τῆς νίκης. καὶ ξυγχωρῶ τῷ λόγῳ· βέλτιον γὰρ πιστεύεσθαι ἢ ἀπιστεῖσθαι. ξίφος μὲν δὴ ἐπὶ τοὺς πονηροὺς τῶν ἀθλητῶν στλεγγὶς ἔστω καὶ ἐχέτω δή τι ὑπὲρ τὸν ἑλληνοδίκην ὁ γυμναστὴς ἐν Ὀλυμπίᾳ.

[1] πηλοῦσθαι Zingerle, ἡλιοῦσθαι Jüthner

Attribute des Trainers

(17) In Pytho (Delphi) und auf dem Isthmos und wo sonst auf Erden je Wettkämpfe bestanden (s. S. 9), beaufsichtigt der Trainer den Sportler und trägt seinen *Tribon* (Mantel, s. S. 13), und niemand kann ihn gegen seinen Willen dazu zwingen, ihn abzulegen. In Olympia hingegen führt er die Aufsicht nackt, nach der Meinung einiger, weil die Eleer sich überzeugen wollen, ob der Trainer in der Sommerszeit Strapazen und Hitze zu ertragen versteht, nach der Auffassung der Eleer aber aus folgendem Grund: Pherenike aus Rhodos war die Tochter des Boxers Diagoras, und in ihrer äußeren Erscheinung war Pherenike so kräftig, dass sie den Eleern anfangs ein Mann zu sein schien. In Olympia jedenfalls wickelte sie sich in den *Tribon* und konnte so ihren Sohn Peisidoros trainieren. Auch jener nun war ein in der Kunst sehr fähiger Boxer und keineswegs geringer als sein Großvater. Als man den Betrug merkte, scheute man sich aus Rücksicht auf Diagoras und dessen Nachfahren, die Pherenike zu töten – die Familie der Pherenike bestand nämlich aus lauter Olympiasiegern –, doch wurde die Satzung erlassen, dass Trainer die Kleider ablegen müssen und man auch sie nicht ungeprüft lassen dürfe.

(18) Es trägt der Trainer dort auch eine *Stlengis* (ein Schabeisen, s. S. 12), vielleicht aus folgendem Grund: Mit Staub aus der Palaistra bestauben muss sich der Sportler in Olympia und hat sich dem Lehm auszusetzen (s. u. § 56). Damit sie nun keinen Schaden an ihrem Befinden leiden, erinnert das Schabeisen den Sportler an das Öl und daran, es so reichlich aufzutragen, dass er es nach der Einölung auch abschaben kann. Einige erzählen, dass ein Trainer in Olympia mit dem geschärften Schabeisen seinen Sportler getötet habe, da der sich nicht um einen Sieg bemüht hatte; ich glaube dieser Angabe, denn es ist besser, Vertrauen als Misstrauen zu finden. So möge denn das Schabeisen als Schwert dienen gegen die schlechten Sportler; der Trainer in Olympia aber muss vor dem Hellanodiken (Kampfrichter, s. S. 13) etwas voraushaben!

(19) Λακεδαιμόνιοι δὲ καὶ τακτικὴν ἐβούλοντο πᾶσαν τοὺς γυμναστὰς εἰδέναι μελέτην τῶν πολεμικῶν τοὺς ἀγῶνας ἡγούμενοι καὶ οὐ χρὴ θαυμάζειν, ὅπου καὶ τὴν ὄρχησιν, τὸ ῥᾳθυμότερον τῶν ἐν εἰρήνῃ Λακεδαιμόνιοι πάντως ἐς τὰ πολεμικὰ ἀνέφερον ὀρχούμενοι τρόπον, ὃν φυλάξεταί τις βέλος ἢ ἀφήσει ἢ ἀρθήσεται ἀπὸ τῆς γῆς καὶ τῇ ἀσπίδι εὐμεταχειρίστως χρήσεται.

(20) ὁπόσα δὲ γυμνασταὶ ξυνεβάλοντο ἀθληταῖς ἢ παρακελευσάμενοί τι ἢ ἐπιπλήξαντες ἢ ἀπειλήσαντες ἢ σοφισάμενοι, πολλὰ μὲν ταῦτα καὶ πλείω λόγου, λεγέσθω δὲ τὰ ἐλλογιμώτερα.

Γλαῦκον μὲν τοίνυν τὸν Καρύστιον ἀφιστάμενον ἀπιστούμενον ἐν Ὀλυμπίᾳ τὴν πυγμὴν τῷ ἀντιπάλῳ Τισίας ὁ γυμναστὴς εἰς νίκην ἤγαγε παρακελευσάμενος „τὰν ἀπ' ἀρότρου" πλῆξαι. τουτὶ δὲ ἄρα ἦν ἡ τῆς δεξιᾶς ἐς τὸν ἀντίπαλον φορά· τὴν γὰρ χεῖρα ἐκείνην ὁ Γλαῦκος οὕτω τοι ἔῤῥωτο, ὡς ὕνιν ἐν Εὐβοίᾳ ποτὲ καμφθεῖσαν ὀρθῶσαι σφυρηδὸν τῇ δεξιᾷ πλήξας.

(21) Ἀῤῥιχίωνα δὲ τὸν παγκρατιαστὴν δύο μὲν ἤδη Ὀλυμπιάδας νικῶντα, τρίτην δὲ ἐπ' ἐκείναις Ὀλυμπιάδα μαχόμενον περὶ τοῦ στεφάνου καὶ ἤδη ἀπαγορεύοντα Ἐρυξίας ὁ γυμναστὴς εἰς ἔρωτα θανάτου κατέστησεν ἀναβοήσας ἔξωθεν „ὡς καλὸν ἐντάφιον τὸ ἐν Ὀλυμπίᾳ μὴ ἀπειπεῖν".

Sparta: Paramilitärisches Training

(19) Die Lakedaimonier (Spartaner) wollten, dass der Trainer auch die gesamte Taktik kennt, weil sie in den Wettkämpfen eine Vorübung für den Krieg sahen. Man braucht sich nicht zu wundern, da die Lakedaimonier auch den Tanz – das sorgloseste Vergnügen im Frieden – in einen Zusammenhang mit dem Krieg brachten, indem sie auf eine Art tanzten, als wolle man einem Geschoss ausweichen, es selbst abschießen oder vom Boden aufspringen und den Schild geschickt handhaben.

Motivation der Sportler durch den Trainer

(20) Beispiele dafür, dass Trainer ihren Sportlern durch Anfeuern, Tadel, Drohung oder List genützt haben, sind zahlreich und eine Aufzählung würde zu weit gehen, doch mag das besonders Bemerkenswerte berichtet werden.

Glaukos aus Karystos (s. o. § 1), der in Olympia seinem Gegner im Boxen weichen wollte, wurde von seinem Trainer Tisias zum Sieg geführt, der ihm zurief, den „Pflug-Hieb" anzuwenden. Das bedeutete einen Angriff mit der Rechten gegen den Gegner; in jener Hand hatte Glaukos nämlich so viel Kraft, dass er einst in Euboia eine Pflugschar, die verbogen war, gerade richtete, indem er sie mit der Rechten wie mit einem Hammer schlug.

(21) Arrhichion, der Pankratiast, der bereits in zwei Olympiaden Sieger war, nun in der dritten Olympiade um den Siegeskranz kämpfte, sich aber bereits als besiegt erklären wollte, bekam von seinem Trainer Eryxias die Lust eingeflößt, bis zum Tod zu kämpfen, indem der von draußen ausrief: „Welch herrlicher Totenschmuck, in Olympia nicht aufzugeben!"

(22) Προμάχου δὲ τοῦ ἐκ Πελλήνης ξυνίει μὲν ὁ γυμναστὴς ἐρῶντος, ἀγχοῦ δὲ Ὀλυμπίων ὄντων „ὦ Πρόμαχε", εἶπεν „δοκεῖς μοι ἐρᾶν". ὡς δὲ εἶδεν ἐρυθριῶντα „ἀλλ' οὐκ ἐλέγξων" ἔφη „ταῦτα ἠρόμην, ξυλληψόμενος δέ σοι τοῦ ἔρωτος· καὶ γὰρ ἂν καὶ διαλεχθείην ὑπὲρ σοῦ τῷ γυναίῳ." καὶ διαλεχθεὶς οὐδὲν ἀφίκετο πρὸς τὸν ἀθλητὴν ἀπάγων λόγον οὐκ ἀληθῆ, πλείστου δὲ ἄξιον τῷ ἐρῶντι· „οὐκ ἀπαξιοῖ τί σε" ἔφη „εἶναι τῶν ἑαυτῆς παιδικῶν νικῶντα Ὀλυμπίαζε." καὶ ὁ Πρόμαχος ἀναπνεύσας ἐφ' ὧν ἤκουσεν, οὐκ ἐνίκα μόνον, ἀλλὰ καὶ Πουλυδάμαντα τὸν Σκοτουσσαῖον μετὰ τοὺς λέοντας, οὓς ὁ Πουλυδάμας ᾑρήκει παρ' Ὤχῳ τῷ Πέρσῃ.

(23) Μανδρογένους δὲ τοῦ Μάγνητος αὐτὸς ἤκουσα τὴν καρτερίαν, ᾗ ἐκέχρητο ἐφ' ἡλικίας εἰς τὰ παγκράτια τῷ γυμναστῇ ἀνατιθέντος. τεθνάναι μὲν γὰρ τὸν πατέρα ἔλεγεν, ἐπὶ μητρὶ δὲ εἶναι τὸν οἶκον ἀῤῥενικῇ τε καὶ γυναικὸς γενναίᾳ, πρὸς ἣν γράψαι τὸν γυμναστὴν ἐπιστολὴν τοιαύτην· „τὸν υἱὸν εἰ μὲν τεθνεῶτα ἀκούσει, πίστευσον, εἰ δὲ ἡττώμενον, ἀπίστει". ταύτην ἔφασκεν αἰδούμενος τὴν ἐπιστολὴν εὐψυχίαν ἐνδείξασθαι πᾶσαν, ὡς μήτε ὁ γυμναστὴς ψεύσαιτο, μήτε ἡ μήτηρ ψευσθείη.

(24) Ὄπτατος[1] δὲ ὁ Αἰγύπτιος ἐνίκα μὲν τὸν ἐν Πλαταιαῖς ἐς δρόμον, κειμένου δ' ὡς ἔφην παρ' αὐτοῖς νόμου δημοσίᾳ ἀποθνήσκειν τὸν μετὰ νίκην ἡττώμενον μὴ συγγυμνάζεσθαι πρότερον ἢ ἐγγυητὰς καταστῆσαι τοῦ σώματος, οὐδενὸς δὲ ἐγγυωμένου τὸ οὕτω μέγα ὑπέθηκεν ἑαυτὸν ὁ γυμναστὴς τῷ νόμῳ καὶ τὸν ἀθλητὴν ἐπέῤῥωσεν εἰς νίκην δευτέραν· τοῖς γὰρ ἅπτεσθαι διανοουμένοις ἔργου μείζονος εὔελπι, οἶμαι, τὸ μὴ ἀπιστεῖσθαι.

1 Ὄπτατος ci. üthner 1902, 31; ὄπιατος Codex.

(22) Promachos aus Pellene (s. o. § 1) war, wie der Trainer bemerkte, verliebt, und als die Olympien nahe waren, sagte er: „Promachos, ich glaube, du bist verliebt." Als er sah, dass der Sportler errötete, fuhr er fort: „Nicht um dich zu beschämen, habe ich dies gefragt, sondern um dir bei deiner Liebe behilflich zu sein. Vielleicht lege ich ja bei dem Fräulein ein gutes Wort für dich ein." Ohne mit ihr gesprochen zu haben, kam er zu dem Sportler und brachte ihm einen unwahren, aber für den Liebenden überaus wertvollen Bescheid. Er sagte: „Sie verweigert dir nicht ihre Liebe, wenn du in Olympia siegst." Und Promachos schöpfte Zuversicht aus dem, was er hörte, und siegte nicht nur, sondern besiegte sogar den Poulydamas aus Skotoussa (s. o. § 1) nach dessen Abenteuer mit einem Löwen, den Poulydamas bei dem Perserkönig (Dareios II.) Ochos eingefangen hatte.

(23) Mandrogenes aus Magnesia führte – wie ich von ihm selbst gehört habe – die Ausdauer, die er als junger Mann im Pankration bewies, auf seinen Trainer zurück. Er erzählte nämlich, sein Vater sei gestorben und das Haus unter der Leitung der Mutter gestanden, die so tüchtig wie ein Mann war. Ihr soll der Trainer folgenden Brief geschrieben haben: „Wenn du hören solltest, dass dein Sohn tot ist, so glaube es; dass er aber unterlegen ist, glaube nicht!" Aus Rücksicht auf diesen Brief habe der Sportler – wie er sagte – seinen ganzen Mut zusammengenommen, damit weder der Trainer Lügen gestraft noch seine Mutter getäuscht werde.

(24) Optatos aus Ägypten war Sieger im Lauf von Plataiai; da aber – wie (oben § 8) gesagt – bei ihnen das Gesetz bestand, dass derjenige nach den Satzungen des Staats sterben muss, der nach einem Sieg unterlegen ist, und sich nicht früher an den Übungen beteiligen darf, bis er Leibbürgen gestellt hat, und da niemand eine so gefährliche Bürgschaft auf sich nehmen wollte, unterwarf sich der Trainer selbst dieser Satzung und verlieh dem Sportler damit die Kraft zum zweiten Sieg. Denjenigen nämlich, die ein größeres Werk in Angriff nehmen wollen, bringt – wie ich glaube – Vertrauen eine frohe Zuversicht.

(25) ἐπεὶ δὲ ἐπιῤῥεῖ τῶν τοιούτων ὄχλος ἐγκαταμιγνύντων ἡμῶν παλαιοῖς νέα, σκεψώμεθα τὸν γυμναστὴν αὐτόν, ὁποῖός τις ὢν καὶ ὁπόσα εἰδὼς τῷ ἀθλητῇ ἐφεστήξει.

ἔστω δὴ ὁ γυμναστὴς μήτε ἀδολέσχης, μήτε ἀγύμναστος τὴν γλῶτταν, ὡς μήτε τὸ ἐνεργὸν τῆς τέχνης ἐκλύοιτο ὑπὸ τῆς ἀδολεσχίας, μήτε ἀγροικότερον φαίνοιτο μὴ ξὺν λόγῳ δρώμενον. φυσιογνωμονικήν τε ἐπεσκέφθω πᾶσαν.

τουτὶ δὲ κελεύω διὰ τόδε· παῖδα ἀθλητὴν ἑλληνοδίκης μέν τις ἢ ἀμφικτύων κρίνουσιν ἀπὸ τῶν τοιῶνδε· εἰ φυλὴ τῷδε καὶ πατρίς, εἰ πατὴρ καὶ γένος, εἰ ἐξ ἐλευθέρων καὶ μὴ νόθος, ἐπὶ πᾶσιν, εἰ νέος καὶ μὴ ὑπὲρ παῖδα·

εἰ <δ'> ἐγκρατὴς ἢ ἀκρατής, εἰ μεθυστὴς, ἢ λίχνος, εἰ θαρσαλέος ἢ δειλός οὐδὲ εἰ γιγνώσκοιεν, οὔτε, εἰ γιγνώσκοιεν, οὐδὲν οἱ νόμοι σφίσιν ὑπὲρ τῶν τοιούτων διαλέγονται, τὸν δὲ γυμναστὴν ἐξεπίστασθαι χρὴ ταῦτα φύσεώς που κριτὴν ὄντα.

γιγνωσκέτω δὴ τὴν ἐν ὀφθαλμοῖς ἠθικὴν πᾶσαν, ὑφ' ἧς δηλοῦνται μὲν οἱ νωθροὶ τῶν ἀνθρώπων, δηλοῦνται δὲ οἱ ξύντονοι εἴρωνές τε καὶ ἧττον καρτερικοὶ καὶ ἀκρατεῖς· ἄλλα μὲν γὰρ μελανοφθάλμων, ἄλλα δὲ χαροπῶν τε καὶ γλαυκῶν καὶ ὑφαίμων ὀφθαλμῶν ἤθη, ἕτερα καὶ ξανθῶν καὶ ὑπεστιγμένων προπαλῶν τε καὶ κοίλων· ἡ γὰρ φύσις ὥρας μὲν ἄστροις ἐσημήνατο, ἤθη δὲ ὀφθαλμοῖς.

Kenntnisse des Trainers

(25) Da aber eine Fülle solcher Beispiele zusammenkommt, wenn wir dem Alten etwas Neues beimischen, nehmen wir nun lieber den Trainer selbst in den Blick, wie er sein und was er wissen muss, um den Sportler beaufsichtigen zu können.

Der Trainer soll weder geschwätzig sein noch in der Rede ungeübt, damit die Kraft der Kunstübung weder durch die Geschwätzigkeit lahmgelegt werde, noch auch zu roh erscheine, wenn nicht gute Rede sie begleitet. Auch soll er die gesamte Physiognomik beherrschen.

Dies fordere ich aber aus folgendem Grund: Einen Sportlerknaben hat ein Hellanodike oder Amphiktyon (s. S. 13) auf folgende Punkte hin zu prüfen: ob er einen Stamm und eine Heimat besitzt (also Bürger ist, s. S.10), ob einen Vater und eine Sippe, ob er den Freien angehört und nicht etwa ein uneheliches Kind ist, schließlich gegebenenfalls, ob er jung und noch nicht über das Knabenalter hinaus gekommen ist.

Ob ein Sportler aber beim Sex enthaltsam oder unmäßig, ein Trinker oder Fresser, mutig oder feige ist, darüber besagen – selbst wenn sie es verstünden – ihre Satzungen nichts: Das muss vielmehr der Trainer genau verstehen, da er gewissermaßen die Natur zu prüfen hat.

Der Trainer soll also die gesamten in den Augen liegenden Charaktermerkmale kennen, durch die sich die trägen Menschen ebenso verraten wie die ungestümen, die untätigen, wenig ausdauernden und unmäßigen. Unterschiedlich ist ja der Charakter von Leuten mit schwarzen, hellen, blauen oder blutunterlaufenen Augen, unterschiedlich auch der gelber und gefleckter, hervorstehender und eingefallener: Die Natur hat nämlich die Jahreszeiten durch Sternbilder gekennzeichnet, die Charaktere aber durch die Augen.

ἤθη δὲ αὖ τῶν σώματος <μερῶν> ὥσπερ ἐν ἀγαλματοποιΐᾳ, ὧδε ἐπισκεπτέον· σφυρὸν μὲν καρπῷ ὁμολογεῖν, κνήμῃ δὲ πῆχυν, καὶ βραχίονα μηρῷ ἀντικρίνεσθαι καὶ ὤμῳ γλουτόν, μετάφρενα δὲ θεωρεῖσθαι πρὸς γαστέρα καὶ στέρνα ἐκκεῖσθαι παραπλησίως τοῖς ὑπὸ τὸ ἰσχίον, κεφαλήν τε σχῆμα τοῦ παντὸς οὖσαν πρὸς ταῦτα πάντα ἔχειν ξυμμέτρως.

(26) τούτων ὧδέ μοι εἰρημένων μὴ τὸ γυμνάζειν ἡγώμεθα ἕπεσθαι τούτοις ἀλλὰ τὸ ἀποδῦσαι τὸν γυμναζόμενον καὶ ἐς δοκιμασίαν καταστῆσαι τῆς φύσεως, ὅπῃ τε σύγκειται καὶ πρὸς ὅ·

ποῦ γὰρ δὴ κυνῶν τε καὶ ἵππων τοσοῦτον εἶναι προσήκει λόγον κυνηγετικοῖς τε καὶ ἱππικοῖς, ὡς μὴ ἐς πᾶσαν ἰδέαν μηδὲ ἐπὶ πάντα τὰ θηρώμενα τοῖς αὐτοῖς, ἀλλὰ τοῖς μὲν ἐς τόδε, <τοῖς δὲ ἐς τόδε> τῶν κυνῶν χρῆσθαι, τῶν τε ἵππων τοὺς μὲν ξυνθηρατὰς ποιεῖσθαι, τοὺς δὲ μαίμους, τουὸς δὲ ἁμιλλητηρίους, τοὺς δὲ ἁρματηλάτας, καὶ μηδὲ ἁπλῶς τούτους, ἀλλ' ὡς ἕκαστος ἐπιτήδειος πλευρᾷ τινι ἢ σειρᾷ τοῦ ἅρματος, ἀνθρώπων δὲ ἀκρίτους εἶναι, οὓς δεῖ ἐν Ὀλυμπίᾳ ἢ Πύθοι ἄγειν ὑπὲρ κηρυγμάτων, ὧν καὶ Ἡρακλῆς ἤρα;

κελεύω δὴ καὶ ἀναλογίαν μὲν ἐπεσκέφθαι τὸν γυμναστήν, ἣν εἶπον, πρὸς δὲ τῆς ἀναλογίας καὶ τὰ τῶν χυμῶν ἤθη.

Die Beschaffenheit der Körperteile ist wie bei der Bildhauerei in folgender Weise zu berücksichtigen. Der Fußknöchel muss mit der Handwurzel übereinstimmen, dem Schienbein der Unterarm und dem Oberarm der Schenkel entsprechen und der Schulter das Gesäß; der Rücken muss mit dem Bauch verglichen werden und die Brust soll auf gleiche Weise sich wölben wie die Gegend unterhalb der Hüfte; der Kopf – das Vorbild des Ganzen – schließlich soll zu all dem in richtigem Verhältnis stehen.

Eignungsprüfung durch den Trainer

(26) Nach Abschluss dieser meiner Darlegung soll nun nicht, wie man etwa glauben mag, gleich das Training folgen, sondern zunächst die Entkleidung und Vorführung des zu Trainierenden zur Prüfung seiner natürlichen Anlage, wie sie beschaffen ist und wozu sie taugt.

Wieso nämlich soll es wichtig sein, dass Jäger und Pferdekenner bei Hunden und Pferden solche Sorgfalt verwenden, dass sie die Hunde nicht zu beliebigem Gebrauch oder die gleiche Rasse bei jeder Art von Wild verwenden, sondern die einen zu dem, die anderen zu jenem, und von den Pferden die einen zur Jagd abrichten, die anderen zu Kriegspferden machen, wieder andere zu Renn- oder Wagenpferden, und selbst auch diese letzteren nicht ohne Unterschied, sondern wie ein jedes für eine bestimmte Seite an der Wagendeichsel oder für das Seil (an der Außenposition des Viergespanns) geeignet ist – von den Menschen aber alle die ohne Prüfung zu lassen, die in Olympia oder Pytho (Delphi) als Bewerber um den Siegespreis antreten wollen, nach dem selbst Herakles begehrte?

Ich verlange also, dass der Trainer auch das richtige Verhältnis, von dem ich sprach, kennt und zuvor noch die Verhältnisse der Säfte (s. S. 17).

(27) καίτοι καὶ πρεσβύτερον τούτου, ὃ καὶ Λυκούργῳ ἐδόκει τῷ Σπαρτιάτῃ· παριστάμενος γὰρ τῇ Λακεδαίμονι πολεμικοὺς ἀθλητὰς „γυμναζέσθων," φησὶν, „αἱ κόραι καὶ ἀνείσθων δημοσίᾳ τρέχειν". ὑπὲρ εὐπαιδίας δήπου καὶ τοῦ τὰ ἔκγονα βελτίω τίκτειν ὑπὸ τοῦ ἐῤῥῶσθαι τὸ σῶμα· ἀφικομένη γὰρ ἐς ἀνδρὸς ὑδροφορεῖν οὐκ ὀκνήσει οὐδὲ ἀλεῖν διὰ τὸ ἠσκῆσθαι ἐκ νέας· εἰ δὲ καὶ νέῳ καὶ συγγυμναζομένῳ συζυγείη, βελτίω τὰ ἔκγονα ἀποδώσει καὶ γὰρ εὐμήκη καὶ ἰσχυρὰ καὶ ἄνοσα. καὶ ἐγένετο ἡ Λακεδαίμων τοσαύτη κατὰ πόλεμον, ἐπειδὴ τὰ γαμικὰ αὐτοῖς ὧδε ἔπραττετο.

(28) ἐπειδὴ τοίνυν ἐκ γονῆς ἀνθρώπου προσήκει ἄρχεσθαι, ἴτω ὁ γυμναστὴς ἐπὶ τὸν παῖδα ἀθλητήν ἐκ γονέων αὐτὸν ὁρῶν πρῶτον, εἰ νέοι ξυνηρμόσθησαν καὶ γενναῖοι καὶ ἄνοσοι νόσων, ὁπόσαι ἐς νεῦρα ἀπερείδονται καὶ ὀφθαλμῶν ἕδρας, καὶ ὦτα ἐκφοιτῶσιν ἢ σπλάγχνα· ταυτὶ γὰρ τὰ νοσήματα καὶ ξυναποχωρεῖ πως τῇ φύσει καὶ παιδία μὲν ὄντα ἀφανῶς ὑποδέδυκε, προϊόντων δὲ ἐς ἐφήβους καὶ μεθισταμένων εἰς ἄνδρας καὶ ἀπιούσης ἀκμῆς δῆλα καὶ φανερὰ γίνεται μεταβολὴν σχόντος τοῦ αἵματος ἐν ταῖς τῆς ἡλικίας τροπαῖς.

Der Sportler

Allgemeine Eignung

Besonderheit in Sparta: Mädchen

(27) Übrigens gibt es noch etwas Älteres als dieses, was auch dem Spartaner Lykourgos (s. S. 16) wichtig schien. In seinem Bemühen darum, Lakonien kriegstüchtige Sportler zu verschaffen, bestimmte er: „Es sollen die Mädchen trainiert und zugelassen werden zum öffentlichen Wettlauf." Natürlich tat er dies der Gebärfähigkeit halber, damit sie wegen ihres kräftigen Körperbaus tüchtigere Kinder zur Welt bringen. So wird eine Frau auch, wenn sie in das Haus des Mannes kommt, sich nicht scheuen, selbst Wasser zu tragen oder Körner zu mahlen, weil sie von Jugend an trainiert ist; und wenn sie nun auch mit einem jungen Mann verbunden wird, der seinerseits gut trainiert ist, werden die Kinder, die sie hervorbringt, besonders tüchtig sein: wohlproportioniert, kräftig und gesund. Ja, Lakonien ist im Krieg deshalb so groß geworden, weil man in Sachen Ehe bei ihnen auf diese Weise verfuhr.

Knaben

(28) Da man also mit der Geburt des Menschen beginnen muss, soll der Trainer an den Sportlerknaben herantreten und ihn zunächst auf seine Eltern hin betrachten, ob sie, als sie sich verbanden, jung und kräftig waren und frei von Krankheiten, die etwa die Nerven oder die Augenhöhlen befallen oder an den Ohren oder inneren Organen hervorbrechen; diese Krankheiten verschwinden ja gelegentlich mit der natürlichen Entwicklung und sind im Kindesalter unkenntlich und latent, werden aber beim Vorrücken in das Ephebenalter (s. S. 14), beim Übergang zum Mannesalter und wenn die besten Jahre zur Neige gehen, offenbar und kenntlich, indem das Blut beim Wechsel der Lebensalter eine Veränderung erleidet.

νεότης δὲ γονέων, ἢν ἄμφω καὶ γενναῖοι ξυνέλθωσιν, ἰσχύν τε ξυμβάλλεται καὶ ἀθλητῇ καὶ αἷμα ἀκήρατον καὶ ὀστῶν κράτος καὶ χυμοὺς ἀκραιφνεῖς καὶ ἴσον μέγεθος, ἔτι δ' ἂν φαίην, ὅτι καὶ ὥραν φέρουσιν.

ἀγνοείσθων δὲ μὴ παρόντες τῷ παιδὶ ἐς τὴν κρίσιν· πῶς βασανιοῦμεν τὴν σποράν; ἐς εὔηθες γὰρ ἐκπεσεῖται ὁ λόγος, εἰ τὸν ἀθλητὴν ἐφεστηκότα ἤδη τῷ σταδίῳ καὶ τοῦ κοτίνου τε καὶ τῆς δάφνης ἐχόμενον ἐς τὸν πατέρα ἀναβαλλοίμεθα καὶ τὴν μητέρα τάχα που καὶ τεθνεῶτας ἐπὶ νηπίῳ·

δεῖ γὰρ <θεω>ρίας, καθ' ἣν ἐς γυμνὸν τὸν ἀθλητὴν βλέψαντες οὐδὲ τὰ τῶν γονέων ἠγνοηκέναι δόξομεν, ὅπη αὐτῷ ἔχει. χαλεπὸν μὲν τὸ ἐνθύμημα καὶ οὐ πάνυ τι ῥᾴδιον, οὐ μὴν πρόσω γε τῆς τέχνης. παραδίδωμι οὖν αὐτὸ ἐς γνῶσιν.

(29) ἡ μὲν οὖν γενναία σπορὰ καὶ νεᾶνις ὁποίους ἀνήσει δεδήλωκα, ἡ δὲ ἐκ τῶν προηκόντων ὧδε ἐλεγκτέα· λεπτὸν μὲν τούτοις τὸ δέρμα, κυαθώδεις δὲ αἱ κλεῖδες, ὑπανεστηκυῖαι δὲ αἱ φλέβες, καθάπερ τοῖς πεπονηκόσι, καὶ ἰσχίον τούτοις ἄναρμον καὶ τὰ μυώδη ἀσθενῆ. γυμναζομένων δὲ πλείους ἔλεγχοι· καὶ γὰρ νωθροὶ καὶ ὠμοὶ τὸ αἷμα ὑπὸ ψυχρότητος καὶ οἱ ἱδρῶτες ἐπιπολάζοντες μᾶλλον ἢ τῶν κυρτῶν τε καὶ κοίλων ἀνίσχοντες καὶ οὐδὲ ἐπανθοῦσιν οὗτοι τοῖς πόνοις, εἰ μὴ διαπιδύοιμεν[1] τοὺς ἱδρῶτας. τινὲς οὐδὲ ἐπιτήδειοι ἆραι οὐδέν, ἀλλὰ ἀνοχῶν δέονται· ἀναλίσκονται δὲ καὶ πόνοις ὑπὲρ τὰ πονηθέντα.

[1] διαπιδύοιμεν Zingerle, ἀπαντλοῖμεν Jüthner nach Kayser, ἀμύητοι μὲν Codex

Die Jugendlichkeit der Eltern und beiderseitige Tadellosigkeit bei der Verbindung verleihen auch dem Sportler Kraft, unverdorbenes Blut, Stärke der Knochen, frische Körpersäfte und gleichmäßige Körpergröße – ja, ich möchte behaupten, dass sie ihm auch Schönheit mitgeben.

Wenn aber die Eltern nicht bekannt oder bei der Untersuchung des Knaben nicht anwesend sind, wie werden wir dann die Art der Zeugung prüfen? In Dummheit würde unser Vorgehen ja ausarten, wenn wir den Sportler, der bereits unmittelbar vor dem Auftritt im Stadion steht und nach dem Kranz aus Ölbaum- und aus Lorbeerblättern (Olympien und Pythien, s. S. 9) verlangt, zur Untersuchung von Vater und Mutter zurückstellen, die vielleicht schon gestorben sind, als er noch jung war.

Es ist also eine Methode erforderlich, wonach wir bei der Betrachtung des nackten Sportlers uns auch zuversichtlich darüber ins Klare kommen, wie es bei ihm mit der Beschaffenheit der Eltern steht. Der Rückschluss ist schwierig und keineswegs leicht, überschreitet aber nicht die Grenzen der Kunst. Ich bringe ihn also zur Kenntnis.

Männer

(29) Was für Nachkommen die Zeugung tadelloser und jugendlicher Eltern hervorbringen wird, habe ich gezeigt; die von im Alter weiter vorgerückten Eltern ist folgendermaßen zu erschließen: Die Haut solcher Leute ist zart, die Schlüsselbeine bilden Gruben (vgl. § 48), die Adern treten wie nach schwerer Arbeit hervor, die Hüfte ist ungegliedert und die Muskulatur schwach.

Beim Training mehren sich die Anzeichen. Sie sind nämlich wegen des Kältezustandes träge und ihr Blut unreif und der Schweiß mehr oberflächlich als aus den Erhebungen und Vertiefungen hervordringend; auch bekommen sie bei den Anstrengungen keine Farbe, wenn wir den Schweiß nicht herausholen können, und sind auch nicht fähig etwas zu heben, sondern brauchen die Ruhepausen. Schließlich steht ihre Erschöpfung nach Anstrengungen in keinem Verhältnis zu ihrer Leistung.

ἐγὼ δὲ τούτους πάντων μὲν ἀπαξιῶ τῶν ἐν ἀγωνίᾳ – τὸ γὰρ ἐς ἄνδρα οὐ βέβαιοι – παγκρατίου δὲ καὶ πυγμῆς μάλιστα· εὐάλωτοι γὰρ πληγαῖς τε καὶ τραύμασιν οἱ μηδὲ τὸ δέρμα ἐρρωμένοι.

γυμναστέοι δ' ὅμως, μᾶλλον δὲ κολακευτέοι τῷ γυμνάζοντι, ἐπειδὴ δέονται τούτου καὶ πονοῦντες καὶ γυμναζόμενοι. εἰ δὲ κατὰ τὸν ἕτερον τῶν τοιούτων ἡ σπορὰ παρηβηκυῖα φαίνεται, τὰ μὲν ἐλαττώματα ἔσται ὅμοια, ἧττον δὲ ἐπίδηλα.

(30) τὰς δὲ νοσώδεις τῶν ἕξεων ἐξελέγξει τὸ αἷμα· θολερὸν γάρ που ἀνάγκη αὐτὸ φαίνεσθαι καὶ βεβυθισμένον ὑπὸ τῆς χολῆς. τὸ δὲ τοιοῦτον αἷμα κἂν ἔμπνουν ποτὲ ὑπὸ γυμναστοῦ γένηται, μεθίσταται αὖ καὶ θολοῦται, χαλεπὰ γὰρ ξυμβαίνει τὰ μὴ εὖ φύντα.

δηλούτω τέ τι καὶ προπαλὴς φάρυγξ καὶ ὤμων πτέρυγες καὶ αὐχὴν ἀνεστηκὼς καὶ ἄγαν ὑπολισθαίνων καθ' ὃ ξυμβάλλουσιν αἱ κλεῖδες. καὶ μὴν καὶ οἱ ξυγκεκλειμένοι τὰ πλευρὰ καὶ ἀναπεπταμένοι ὑπὲρ τὸ μέτριον πολλὰ τοῦ νοσώδους ἐπισημαίνουσι· τοῖς μὲν γὰρ πεπιέσθαι ἀνάγκη τὰ σπλάγχνα καὶ μὴ εὔρουν τὸ πνεῦμα ἐκφέρειν μηδὲ εὐφορεῖν ἐν τοῖς πόνοις φθορᾷ τε σιτίων συνεχεῖ ἁλίσκεσθαι, τοῖς δὲ βαρέα τε [εἰσὶ] τὰ σπλάγχνα καὶ ἀπηρτημένα ἔσται καὶ ἀμβλὺ τὸ ἀπ' αὐτῶν πνεῦμα καὶ ὁρμῇ ὕπτιοι· καὶ τὰ σιτία ἧττον διαδοθήσεται τούτοις ἐς γαστέρα χωροῦντα μᾶλλον ἢ τροφὴν τοῦ σώματος.

Diesen spreche ich die Tauglichkeit zu allen Wettkämpfen ab – Mannhaftigkeit ist ja nicht ihre starke Seite –, namentlich aber zum Pankration und zum Boxen; denn diejenigen, die nicht einmal eine feste Haut haben, erliegen leicht Hieben und Wunden.

Trotzdem sind sie zu trainieren, vom Trainer aber mit größerer Rücksicht zu behandeln, da sie diese bei der Anstrengung und beim Training brauchen. Wenn bei solchen nur ein Elternteil bei der Zeugung schon in vorgerücktem Alter war, werden diese Mängel ähnlich, aber weniger offenkundig sein.

Anfälligkeit

(30) Die Anfälligkeit für Krankheiten aber wird das Blut verraten: Es muss dann trüb und von der Galle überflutet erscheinen (s. S. 17). Selbst wenn ein solches Blut auch vom Trainer belebt wird, verändert es sich wieder und wird erneut trüb; Probleme bereitet eben, was nicht von guter Herkunft ist.

Ein Anzeichen mag auch das Hervorstehen des Kehlkopfes und der Schulterblätter sein, ebenso ein langer und bei der Vereinigung der Schlüsselbeine allzu sehr eingefallener Hals. Ja, auch die mit eingeengtem oder übermäßig ausgedehntem Brustkorb zeigen eine starke Neigung zur Kränklichkeit: Die ersteren haben nämlich die inneren Organe natürlich zusammengepresst, können nicht so leicht atmen, fühlen sich bei Anstrengungen nicht wohl und werden unaufhörlich von schlechter Verdauung geplagt, die letzteren hingegen werden schwere und hängende Organe haben, ihre Atmung wird träge, sie selbst werden bei jeder Bewegung zurückhaltend sein; auch wird sich die Nahrung weniger gut verteilen, indem sie mehr in den Bauch als zur Ernährung in den Körper übergeht.

ταυτὶ μὲν περὶ σπορᾶς τῶν ἀγωνιουμένων, τὸν δὲ ἑκάστῳ τῶν ἀγωνισμάτων πρόσφορον ὧδε χρὴ ἐξετάζειν.

(31) ἔστω ὁ μὲν τὰ πέντε ἀγωνιούμενος βαρὺς μᾶλλον ἢ κοῦφος καὶ κοῦφος μᾶλλον ἢ βαρύς, <ἔτι δ' εὐ>μήκης, εὐπαγὴς, ἀνεστηκώς, ἀπέριττος τὰ μυώδη, μὴ κεκολασμένος. ἐχέτω καὶ τοῖν σκελοῖν μακρῶς μᾶλλον ἢ ξυμμέτρως καὶ τῆς ὀσφύος ὑγρῶς τε καὶ εὐκόλως διά τε τὰς ὑποστροφὰς τοῦ ἀκοντίου ἢ καὶ τοῦ δίσκου διά τε τὸ ἅλμα· ἀλυπότερον γὰρ πηδήσεται καὶ ῥήξει οὐδὲν τοῦ σώματος, ἢν ὑποκαθεὶς τὸ ἰσχίον κατερείσῃ τῇ βάσει. καὶ μακρόχειρα χρὴ εἶναι αὐτὸν καὶ εὐμήκη τοὺς δακτύλους, δισκεύσει τε γὰρ πολλῷ ἄμεινον, ἢν διὰ μέγεθος τῶν δακτύλων ἐκ κοιλοτέρας τῆς χειρὸς ἀναπέμπηται ἡ ἴτυς τοῦ δίσκου, καὶ εὐκοπώτερον κινήσει τὸ ἀκόντιον, ἂν μὴ τοῦ μεσαγκύλου ἄνω ψαύωσιν οἱ δάκτυλοι σμικροὶ ὄντες.

(32) ὁ δὲ ἄριστα δολιχοδρομήσων τοὺς μὲν ὤμους καὶ τὸν αὐχένα κεκρατύσθω παραπλησίως πεντάθλῳ, σκελῶν δὲ λεπτῶς ἐχέτω καὶ κούφως ὥσπερ οἱ τοῦ σταδίου δρομεῖς· ἐκεῖνοι μὲν γὰρ σκέλη χερσὶ κινοῦσιν ἐς τὸν ὀξὺν δρόμον· οἷον πτερούμενοι ὑπὸ τῶν χειρῶν, δολιχοδρόμοι δὲ τουτὶ μὲν περὶ τέρμα πράττουσι, τὸν <δ'> ἄλλον χρόνον σχεδὸν οἷον διαβαίνουσιν, ἀνέχοντες ἐν προβολῇ τὰς χεῖρας, ὅθεν ἐρρωμενεστέρων τῶν ὤμων δέονται.

Spezielle Eignung für einzelne Sportarten

Soviel über die Abstammung der künftigen Kämpfer; die Eignung zu jeder der Sportarten aber muss folgendermaßen geprüft werden.

Pentathlon

(31) Wer im Pentathlon auftreten will, soll eher schwer als leicht und eher leicht als schwer sein, außerdem schlank, wohlgebaut, hochgewachsen, nicht übermäßig muskulös, aber auch nicht verkümmert. Auch soll er eher lange als proportionierte Beine haben, und eine biegsame und bewegliche Lende, sowohl wegen des Rückstoßes von Speer und Diskos als auch wegen des Springens; er wird nämlich schmerzloser springen und nichts am Körper brechen, wenn er die Hüfte langsam niederlässt und so einen festen Stand gewinnt. Auch muss er lange Hände und schlanke Finger haben, denn er wird viel besser werfen, wenn die Diskosscheibe wegen der Länge seiner Finger mit stärker gekrümmter Hand (gehalten und dann beim Wurf) losgelassen wird, und wird den Wurfspeer müheloser bewegen, wenn die Finger die Schlinge (s. S. 13) nicht mit der Spitze berühren müssen, weil sie zu kurz sind.

Langstreckenlauf

(32) Wer sich im Langstreckenlauf auszeichnen will, soll an Schultern und Nacken so stark wie ein Fünfkämpfer sein, aber zarte und leichte Beine wie die Stadionläufer haben; jene bringen nämlich ihre Beine mit den Händen in eine scharfe Laufbewegung, als wären sie von den Händen beflügelt, die Langstreckenläufer tun dies am Ziel, in der übrigen Zeit aber gehen sie fast wie im Schritt, die Hände in Stoßstellung vorhaltend, weshalb sie kräftigere Schultern brauchen.

(33) ὁπλίτην δὲ καὶ σταδίου ἀγωνιστὴν καὶ διαύλου διακρίνει μὲν οὐδεὶς ἔτι ἐκ χρόνων, οὓς Λεωνίδας ὁ Ῥόδιος ἐπ' ὀλυμπιάδας τέτταρας ἐνίκα τὴν τριττὺν ταύτην, διακριτέοι δ' ὅμως οἵ τε καθ' ἓν ἀγωνιζούμενοι ταῦτα καὶ οὐ ὁμοῦ πάντα.

τὸν μὲν δὴ ὁπλιτεύοντα πλευρά τε εὐμήκη παραπεμπέτω ὦμος <τ'> εὐτραφὴς καὶ σιμὴ ἐπωμίς[1], ἵν' εὖ φοροῖτο ἡ ἀσπὶς ἀνεχόντων αὐτὴν τούτων.

σταδιοδρόμοι δέ, τὸ κουφότατον τῶν ἐν ἀγωνίᾳ, κράτιστοι μὲν καὶ οἱ ξύμμετροι, βελτίους δὲ τούτων οἱ μὴ ὑπερμήκεις, ἀλλὰ μικρὸν τῶν ξυμμέτρων εὐμηκέστεροι· τὸ γὰρ ὑπερβάλλον μῆκος ἁμαρτάνει τοῦ βεβαίου καθάπερ τῶν φυτῶν τὰ ὑψοῦ ἀνεστηκότα. συγκείσθων δὲ εὐπαγεῖς, ἀρχὴ γὰρ τοῦ εὖ δραμεῖν τὸ εὖ στῆναι. ἁρμονία δὲ αὐτῶν ἥδε· τὰ σκέλη ἰσόρροπα εἶναι τοῖς ὤμοις, τὸν θώρακα εἶναι μείω συμμέτρου καὶ εὔσπλαγχνον, ἐλαφρὰν ἐπιγουνίδα, κνήμην ὀρθήν, χεῖρας ὑπὲρ τὸν λόγον· ἔστω δὲ αὐτοῖς καὶ τὸ μυῶδες ξύμμετρον, οἱ γὰρ περιττοὶ μύες δεσμοὶ τοῦ τάχους.

διαύλου δὲ ἀγωνισταὶ κατεσκευάσθων ἐρρωμενέστεροι μὲν <ἢ> οἱ τοῦ σταδίου, κουφότεροι δὲ τῶν ὁπλιτευόντων.

οἱ δὲ τῶν τριῶν ἀγωνισταὶ δρόμων ἀριστίνδην συντετάχθων συγκείμενοι ἐκ πλεονεκτημάτων, ὧν οὗτοι κατὰ ἕνα. τουτὶ δὲ μὴ τῶν ἀπόρων ἡγείσθω τις, δρομεῖς γὰρ δὴ καὶ ἐφ' ἡμῶν τοιοῦτοι ἐγένοντο.

[1] ἐπωμίς Zingerle, ἐπιγουνίς Jüthner

Waffen-, Stadion- und Doppellauf

(33) Den Wettkampfteilnehmer im Waffen-, Stadion- und Doppellauf unterscheidet niemand mehr seit der Zeit, als Leonidas aus Rhodos vier Olympiaden hindurch in diesen drei Sportarten gesiegt hat. Es ist aber ein Unterschied zu machen zwischen denjenigen, die in diesen Disziplinen einzeln, und denjenigen, die in allen zugleich auftreten wollen.

Den Waffenläufer nun soll eine schlanke Taille auszeichnen, eine wohlausgebildete Schulter und eine geschwungene Halspartie, damit der Schild leicht getragen und von diesen Teilen gestützt werde.

Von den Stadionläufern, die in der leichtesten Sportart tätig sind, werden die Proportionierten auch recht gut sein, besser aber sind diejenigen, die nicht überlang, aber doch etwas schlanker sind als die Proportionierten; denn die übermäßige Länge hat – wie in die Höhe geschossene Gewächse – nicht so viel Festigkeit. Ihr Bau soll kräftig sein, denn der Anfang des guten Laufes ist der gute Stand. Ihr Körperverhältnis aber sei folgendes: Die Beine sollen den Schultern entsprechen, der Brustkorb etwas unter dem Mittelmaß sein und gesunde Organe haben, das Knie sei flink, das Schienbein gerade, die Hände über das Maß; sie sollen auch mäßige Muskulatur haben; denn überstarke Muskeln sind Fesseln für die Schnelligkeit.

Als Wettkampfteilnehmer im Doppellauf bestimme man diejenigen, die stärker als die Stadionläufer, aber leichter als die Waffenläufer sind.

Die Teilnehmer an allen drei Laufarten aber sollen aus den Besten zusammengestellt werden und die Vorzüge in sich vereinen, die diese jeweils für sich aufweisen. Dies aber soll man nicht für unmöglich halten, denn solche Läufer sind auch zu unserer Zeit (vgl. § 1) noch vorgekommen!

(34) ὁ δὲ πυκτεύων μακρόχειρ ἔστω καὶ εὔπηχυς καὶ τὸν βραχίονα μὴ ὑποσφριγῶν[1] καὶ τοὺς ὤμους εὔλοφος καὶ ὑψαύχην. καρποὶ δὲ πήχεων οἱ μὲν παχεῖς βαρύτεροι ἐς τὸ πλήττειν, οἱ δὲ ἧττον παχεῖς ὑγροί τέ εἰσι καὶ σὺν ῥᾳστώνῃ παίοντες. ἐρειδέτω δὲ αὐτὸν καὶ ἰσχίον εὐπαγές· ἡ γὰρ προβολὴ τῶν χειρῶν ἀποκρεμάννυσι τ<ὸ σ>ῶ<μα, εἰ> μὴ ἐπὶ βεβαίου ὀχοῖτο τοῦ ἰσχίου. παχυκνήμους δὲ οὔτ' ἄλλου <μὲν> οὐδενὸς τῶν ἐν ἀγωνίᾳ ἀξιῶ, πυγμῆς δὲ ἥκιστα· καὶ γὰρ δὴ καὶ προσβῆναι ταῖς τῶν ἀντιπάλων κνήμαις ἀργοὶ καὶ εὐάλωτοι τῷ προσβάντι. ἐχέτω δὴ κνήμην μὲν ὀρθὴν καὶ ξύμμετρον μηρῶν ἀπηλλαγμένων τε καὶ ἀφεστηκότων· ὁρμητικώτερον γὰρ τὸ σχῆμα τοῦ πυκτεύοντος, ἢν μὴ ξυμβαίνωσιν οἱ μηροί. γαστὴρ δὲ ἀρίστη μὲν ἡ ὑπεσταλμένη· κοῦφοι γὰρ δὴ οἱ τοιοίδε καὶ τὸ πνεῦμα ἀγαθοί. ἔστι δ' ὅμως τι καὶ παρὰ τῆς γαστρὸς ὄφελος τῷ πυκτεύοντι, τὰς γὰρ τοῦ προσώπου πληγὰς ἡ τοιάδε γαστὴρ ἐρύκει προεμβάλλουσα τῇ φορᾷ τοῦ πλήττοντος.

(35) ἴωμεν ἐπὶ τοὺς παλαίσοντας. ὁ παλαιστὴς ὁ κατὰ λόγον εὐμήκης μὲν ἔστω μᾶλλον ἢ ξύμμετρος, ἡρμόσθω δὲ ὥσπερ οἱ ξύμμετροι, μήθ' ὑψαύχην μήτε ὤμοις τὸν αὐχένα ἐπεζευγμένος· τουτὶ γὰρ δὴ προσφυὲς μέν, παραπλήσιον δὲ κεκολασμένῳ μᾶλλον ἢ γεγυμνασμένῳ τῷ γε ξυνιέντι καὶ τῶν Ἡρακλείων ἀγαλμάτων, ὅσῳ ἡδίω καὶ θεοειδέστερα τὰ ἐλευθέριά τε καὶ μὴ ξυντράχηλα. ἀλλ' ἔστω αὐχὴν μὲν ἀνεστηκώς, ὥσπερ ἐν ἵππῳ καλῷ καὶ ἑαυτοῦ ξυνιέντι, καθήκουσα δὲ ἐς κλεῖν ἑκατέραν ἡ βάσις τῆς δειρῆς·

1 ὑποσφριγῶν Zingerle, ἄνω σφριγῶν Jüthner, [...]φριγγής Codex.

Boxen

(34) Der Boxer soll große Hände, einen starken Unterarm, einen vollstrotzenden Oberarm, kräftige Schultern und einen langen Hals haben. Was die Handwurzeln anbelangt, so sind die dicken wuchtiger beim Schlagen, die weniger dicken beweglich und zum Stoß geschickt. Stützen soll ihn auch eine wohlgebaute Hüfte, denn der Vorstoß der Hände bringt den Körper aus dem Gleichgewicht, wenn er nicht auf einer festen Hüfte ruht. Dickwadige sind meines Erachtens auch sonst für keinerlei Wettkampf geeignet, für Boxen aber am wenigsten, denn sie sind insbesondere träge im Fußstoß gegen das Schienbein der Gegner und anderseits durch Fußstöße leicht zu überrumpeln. Das Schienbein des Boxers sei also gerade und proportioniert, während die Oberschenkel sich voneinander entfernen und abstehen sollen; die Gestalt des Boxers ist nämlich besser zum Angriff geeignet, wenn die Schenkel nicht zusammengehen. Der Bauch ist am besten eingezogen, denn solche Leute sind leicht und von guter Respiration. Gleichwohl aber bringt auch der Bauch dem Boxer einen gewissen Vorteil, denn ein solcher Bauch hindert die Schläge gegen das Gesicht, indem er sich der Wucht des Schlages entgegenstellt.

Ringen und Pankration

(35) Behandeln wir nun die künftigen Ringer: Der regelrechte Ringer soll eher schlank als proportioniert, aber wie die Proportionierten gebaut sein, also weder einen langen noch einen mit den Schultern verwachsenen Hals haben, denn das ist zwar zweckdienlich, sieht aber eher krüppelhaft als athletisch aus, wenigstens, wenn man ein Verständnis dafür hat, um wie viel erfreulicher und göttlicher auch von den Heraklesbildern die edelgeformten und unverwachsenen sind. Vielmehr sei der Nacken aufgerichtet wie bei einem schönen und stolzen Pferd, die Halswurzel aber reiche zu den beiden Schlüsselbeinen herab.

συναγωγοὶ δὲ ἐπωμίδες <καὶ> κεφαλαὶ ὤμων ἀνεστηκυῖαι μέγεθός τε ξυμβάλλονται τῷ παλαίσοντι καὶ γενναιότητα εἴδους καὶ ἰσχὺν καὶ παλαίειν ἄμεινον· οἱ γὰρ τοιοίδε ὦμοι καὶ καμπτομένου τοῦ αὐχένος καὶ στρεβλουμένου ὑπὸ τῆς πάλης ἀγαθοὶ φύλακες προσερείδοντες τὴν κεφαλὴν ἐκ τῶν βραχιόνων.

βραχίων εὔσημος ἀγαθὸν πάλης· βραχίονα δὲ καλῶ εὔσημον τὸν τοιόνδε· εὐρεῖαι φλέβες ἄρχονται μὲν ἐξ αὐχένος καὶ δέρης μία ἑκατέρωθεν, ἐπιβᾶσα δὲ τοῦ ὤμου κατίασιν ἐπὶ τὼ χεῖρε βραχίοσί τε καὶ ὠλέναις ἐμπρέπουσαι. οἷς μὲν δὴ ἐπιπόλαιοί τέ εἰσι καὶ τοῦ μετρίου ἐπιφανέστεραι, οὔτε ἰσχὺν παρ’ αὐτῶν ἄρνυνται καὶ ἀηδεῖς ἰδεῖν αἵδε φλέβες ὥσπερ οἱ κιρσοί· οἷς δὲ ἂν βαθεῖαι τύχωσι καὶ ὑποκυμαίνουσαι λ<επτόν> τε ἐκ<προφ>αίνουσι τούτοις καὶ ἴδιον τῶν χειρῶν πνεῦμα καὶ τὸν βραχίονα προηκόντων μὲν ὑπονεάζουσι, νεαζόντων δὲ λέγουσιν ὁρμητήν τε φαίνεσθαι καὶ ἐν ἐπαγγελίᾳ πάλης.

στέρνα μὲν ἀμείνω τὰ προέχοντά τε καὶ ἐκκείμενα· τὰ γὰρ σπλάγχνα αὐτοῖς ὥσπερ ἐν οἰκίσκῳ <άδρ>ῷ τε καὶ εὐσχήμονι ἵδρυται γενναῖα ἰσχυρὰ ἄνοσα θυμοειδῆ ξὺν καιρῷ. χαρίεντα δὲ τῶν στέρνων καὶ τὰ μετρίως μὲν ἐκκείμενα, περιεσκληκότα δὲ σὺν γραμμαῖς· ἰσχυρά τε γὰρ ταῦτα καὶ εὔφορα καὶ παλαῖσαι μὲν ἥττονα, παλαιστικώτερα δὲ τῶν ἄλλων. κοῖλα δὲ στέρνα καὶ εἰσέχοντα οὔτε ἀποδύειν ἀξιῶ οὔτε γυμνάζειν· καὶ γὰρ στομάχοις ἁλίσκονται καὶ οὐκ εὔσπλαγχνοι καὶ τὸ πνεῦμα στενοί.

γαστὴρ δὲ ὑπεστάλθω μὲν παρὰ τὸ ἦτρον – οὐ γὰρ χρηστὸν ἄχθος ἡ γαστὴρ τῷ παλαίοντι -, ἐποχείσθω δὲ μὴ κενοῖς τοῖς βουβῶσιν, ἀλλ’ ἔστω τι κἀκείνων εὐτραφές· οἱ γὰρ τοιοίδε βουβῶνες συνδῆσαί τε ἱκανοὶ πᾶν, ὅπερ ἡ πάλη παραδιδῷ καὶ ξυνδεθέντες ἀνιάσουσι μᾶλλον ἢ ἀνιάσονται.

Wohlgefügte Oberschultern und gehobene Schulterspitzen verleihen dem künftigen Ringer ein stattliches Aussehen, eine edle Gestalt, Kraft und bessere Eignung zum Ringen; solche Schultern sind nämlich, auch wenn der Hals beim Ringen niedergebogen und gedreht wird, ein guter Schutz, indem sie dem Kopf die Stütze der Arme vermitteln.

Ein wohlgezeichneter Arm ist ein Vorzug beim Ringkampf. Wohlgezeichnet aber nenne ich einen Arm von folgender Beschaffenheit: Dicke Adern beginnen am Nacken und Hals, auf jeder Seite eine, und über die Schulter laufend gehen sie herab zu den Händen, am Ober- und Unterarm hervortretend. Bei wem sie nun an der Oberfläche und übermäßig sichtbar verlaufen, der gewinnt durch sie keine Kraft. Solche Adern sind auch so unerfreulich anzusehen wie Krampfadern; bei wem sie aber tief gelagert und wenig geschwellt sind, für den verraten sie ein dünnes und eigentümliches Pneuma (s. S. 17) der Hände, und sie verjüngen den Arm Gereifterer; bei Jüngeren lassen sie ihn schlagfertig erscheinen und vielversprechend im Ringkampf.

Die Brust ist am besten erhaben und gewölbt, denn die Organe ruhen darin wie in einer festen und wohlgeformten Kammer, edel, kräftig, gesund, Mut und Timing vereinigend. Schön aber ist die Brust auch dann, wenn sie mäßig gewölbt, rings abgemagert und wohldefiniert ist; denn sie ist dann stark, gewandt und für das Ringen zwar nicht sehr gut, aber doch noch besser geeignet als die anderen. Leute mit flacher und eingefallener Brust sind nach meiner Meinung weder zu entkleiden noch zu trainieren, denn sie verraten sich durch Magenbeschwerden, ungesunde Organe und kurzen Atem.

Der Bauch soll in seinen unteren Partien zurücktreten, denn ein Hängebauch ist für den Ringer eine unnütze Last. Die Leisten aber, auf denen er ruht, sollen nicht unausgefüllt, sondern ebenfalls einigermaßen wohlgenährt sein; denn solche Leisten sind geeignet, alles, was sich beim Ringkampf bietet, zusammenzupressen; selbst zusammengepresst werden sie eher Schmerz verursachen als erleiden.

νῶτα δὲ χαρίεντα μὲν ὀρθά, γυμναστικώτερα δὲ τὰ ὑπόγυρα, ἐπειδὴ καὶ προσφυέστερα τῷ τῆς πάλης σχήματι γυρῷ τε ὄντι καὶ προνεύοντι· κρινέτω δὲ αὐτὰ μὴ κοίλη ῥάχις – ἐπιλείψει γὰρ μυελοῦ τοῦτο καὶ οἱ σπόνδυλοι ἐκεῖ κάμπτοιντο – καὶ προσαναγκάζοιντο ὑπὸ τῶν παλαισμάτων καὶ ὀλισθῆσαί τί ποτε ἐς τὸ ἔσω ἀλλ' ὑπονοείσθω τὰ δὴ μᾶλλον ἢ ἔστω.

τὸ δὲ ἰσχίον οἷον ἄξονα ἐμβεβλημένον τοῖς ἄνω τε καὶ κάτω μέλεσιν ὑγρόν τε εἶναι χρὴ καὶ εὔστροφον καὶ ἐπιστρεφές· τουτὶ δ' ἐργάζεται μῆκός τε αὐτοῦ καί νὴ Δί' εὐσαρκία περιττοτέρα τοῦ λόγου. τὰ δὲ ὑπὸ τῷ ἰσχίῳ μήτε ὑπόλισπα ἔστω μήτ' αὖ περιττά – τὸ μὲν γὰρ ἀσθενές, τὸ δὲ ἀγύμναστον -, ἀλλ' ἐκκείσθω σφοδρῶς τε καὶ προσφυῶς τῷ παλαίσοντι.

πλευρὰ δὲ εὐκαμπὴς καὶ προσγυροῦσα[1] τὸ στέρνον ἱκανοὺς ποιεῖ παλαίειν τε καὶ παλαίεσθαι· καὶ γὰρ ὑποκείμενοι τοῖς ἀντιπάλοις δυσάλωτοι οἱ τοιοίδε καὶ οὐκ εὔφοροι ὑποκειμένοις.

γλουτοὶ δὲ οἱ μὲν στενοὶ ἀσθενεῖς, οἱ δὲ εὐρύτεροι ἀργοί, οἱ δ' εὐάγωγοι ἱκανοὶ ἐς πάντα.

μηρὸς δὲ εὐπαγὴς καὶ ἐς τὸ ἔξω ἐπεστραμμένος ξὺν ὥρᾳ ἔρρωται καὶ ἀνέχει εὖ πάντα καὶ μᾶλλον, εἰ μηδαμοῦ ἐκκλίνουσα ἡ κνήμη φέροιτο, ἀλλ' ὀρθῆς ὁ μηρὸς ἐποχοῖτο τῆς ἐπιγουνα<τ>ίδ<ος. τὰ> δὲ μ<ὴ ὀρθ>ὰ τῶν σφυρῶν, ἀλλὰ λοξά τε καὶ ἐς τὸ εἴσω διωλισθηκότα σφάλλει τὸ σῶμα καθάπερ τοὺς ἑδραίους τῶν κιόνων μὴ ὀρθαὶ βάσεις.

τοιόσδε μὲν ὁ παλαιστής καὶ παγκρατιάσει γε ὁ τοιόσδε τὸ κάτω παγκράτιον ἀκροχειριεῖταί τε ἧττον. τελεώτεροι δὲ τῶν παγκρατιαστῶν οἱ ξυγκείμενοι παλαιστικώτερον μὲν ἢ οἱ πύκται, πυκτικώτερον δὲ ἢ οἱ παλαίσοντες.

1 προσγυροῦσα Zingerle, προσεγείρουσα Jüthner

Der Rücken ist schön, wenn er gerade ist, für das Training besser geeignet aber ist der leicht gebogene, weil auch für die Haltung beim Ringen angemessener, die ja krumm und vorgeneigt ist. Er soll nicht durch ein hohles Rückgrat gekennzeichnet sein, denn dies ist die Folge von Mangel an Mark; auch lassen sich die Wirbelknochen dann leicht biegen und durch die Ringergriffe gelegentlich auch mit Gewalt etwas nach innen verschieben. Das freilich mag mehr eingebildet als wahr sein.

Die Hüfte, die wie eine Achse zwischen die oberen und unteren Gliedmaßen gesetzt ist, muss geschmeidig sein, beweglich und drall. Dies bewirkt ihre Größe und – bei Zeus – eine das Mittelmaß überschreitende Fleischfülle. Die Körperteile unterhalb der Hüfte dürfen weder ausgemergelt noch zu fett sein, denn ersteres verrät Schwäche, letzteres Untauglichkeit zum Training. Vielmehr sollen sie stark sein und für einen künftigen Ringer angemessen ausladen.

Ein geschwungener Brustkorb verleiht der Brust Beweglichkeit, befähigt zum Angriff und zur Verteidigung beim Ringen: Wenn solche Leute unter dem Gegner zu liegen kommen, sind sie schwer zu überwinden und anderseits keine leichte Last für den, der unter ihnen liegt. Das Gesäß ist, wenn es schmal ist, schwach, zu breit und träge; ist es hingegen wohlgeformt, ist es zu allem geeignet.

Ein wohlgefügter und nach außen gedrehter Oberschenkel verbindet Schönheit mit Kraft und stützt alles leicht, und zwar umso leichter, wenn das Schienbein, das ihn trägt, nirgends ausbiegt, sondern der aufruhende Oberschenkel ein gerades Knie bildet. Fußknöchel, die nicht gerade, sondern schräg und nach innen gerutscht sind, beeinträchtigen das Gleichgewicht des Körpers wie schiefe Basen das Gleichgewicht sonst standfester Säulen.

So ist der Ringer beschaffen, und er wird mit diesen Eigenschaften auch das Pankration auf dem Boden ausführen können, den Handkampf im Stehen aber kaum. Vollkommene Pankratiasten sind diejenigen, die zum Ringen besser veranlagt sind als die Boxer – und zum Boxen besser als die Ringer!

(36) γενναῖοι τῶν ἀθλητῶν καὶ οἱ ἐν μικρῷ μεγάλοι· τούτους δὲ ἡγώμεθα τοὺς ὑποδεεστέρους μὲν τὸ μέγεθος ἢ τετράγωνοι τε καὶ σύμμετροι, τὸ δὲ σῶμα διηρθρωμένους μεγαλοειδῶς τε καὶ ὑπερφυεστέρως τοῦ μήκους καὶ μᾶλλον, ἣν μὴ κατεσκληκέναι δοκῶσιν, ἀλλὰ καὶ τοῦ εὐσάρκου τι ὑποφαίνωσι. κηρύττει δὲ αὐτοὺς πάλη μᾶλλον· εὔστροφοί τε γὰρ καὶ πολύτροποι καὶ σφοδροὶ καὶ κοῦφοι καὶ ταχεῖς καὶ ὁμότονοι, καὶ πολλὰ τῶν ἀπόρων τε καὶ δυσπαλαίστων διαφεύγουσιν ἐπιστηριζόμενοι τῇ κεφαλῇ καθάπερ βάσει· παγκρατίου δὲ καὶ πυγμῆς οὐκ ἀγαθοὶ προστάται, τῷ τε πλήττοντι ὑποκείμενοι καὶ γελοίως ἀπὸ τῆς γῆς ἑαυτοὺς προσαίροντες, ὁπότε αὐτοὶ πλήττοιεν. παράδειγμα δὲ ποιώμεθα τῶν ἐν μικρῷ μεγάλων τὰς εἰκόνας τοῦ παλαιστοῦ Μάρωνος, ὃν Κιλικία ποτὲ ἤνεγκε. παραιτητέον δὲ τούτων καὶ τοὺς μακροθώρακας· διαφυγεῖν μὲν γὰρ <τὰ τῆς> πάλης ἱκανοὶ καὶ οἵδε, καταπαλαῖσαι δὲ ἀχρεῖοι διὰ τὸ ἐπικαθῆσθαι τοῖς σκέλεσι.

(37) λεοντώδεις δὲ καὶ ἀετώδεις καὶ σχιζίαι καὶ οὓς ἐπονομάζουσιν ἄρκτους, τοιάδε ἀθλητῶν εἴδη·

οἱ λεοντώδεις εὔστερνοι μὲν καὶ εὔχειρες, ὑποδεέστεροι δὲ κατόπιν, <οἱ δ' ἀετώδεις> τὸ μὲν σχῆμα τούτοις <ὅμοιοι>, διάκενοι δὲ τοὺς βουβῶνας, ὥσπερ τῶν ἀετῶν οἱ ὀρθούμενοι. ἄμφω δὲ οἵ δὲ τολμητάς τε ἀποφαίνουσι καὶ σφοδροὺς καὶ ἀθρόους, ἀθυμοτέρους γε μὴν τὰς διαμαρτίας· καὶ οὐ χρὴ θαυμάζειν ἐνθυμουμένους τὰ λεόντων τε καὶ ἀετῶν ἤθη.

Einteilung nach äußeren und inneren Merkmalen

Im Kleinen Große

(36) Tüchtige Sportler sind auch die im Kleinen Großen. Als solche wollen wir diejenigen ansehen, die in der Größe den Vierschrötigen und Proportionierten nachstehen, aber eine großartige und bei ihrer Größe ungewöhnlich feine Gliederung des Körpers zeigen, umso mehr, wenn sie nicht abgemagert erscheinen, sondern auch etwas Beleibtheit zur Schau tragen. Ihre Vorzüge bringt mehr das Ringen zur Geltung, denn sie sind beweglich, gewandt, ungestüm, leicht, flink und zäh, und vielen Gefahren und Schwierigkeiten beim Ringen entgehen sie dadurch, dass sie ebenso fest auf dem Kopf stehen können wie auf den Füßen. Im Pankration und im Boxen aber sind sie keine guten Sportler, da der Hieb des Gegners sie von oben trifft und sie komisch vom Boden entgegenwippen müssen, so oft sie selbst einen Schlag führen. Als Beispiel der im Kleinen Großen wollen wir die Standbilder des Ringers Maron anführen, den einst Kilikien hervorbrachte. Auszuschließen sind hiervon auch die mit langem Brustkorb: Auch sie sind zwar imstande, den Ringergriffen auszuweichen, doch jemanden niederzuringen sind sie wegen der Belastung der Beine unfähig.

Sportler-Gestalten

(37) Löwengestaltige, Adlerartige, Spanförmige und die mit dem Beinamen Bären – von dieser Art (s. S. 18) sind die Gestalten von Sportlern.

Die Löwengestaltigen sind kräftig an Brust und Händen, aber schwächer am Hinterteil, die Adlerartigen der Gestalt nach diesen ähnlich, aber mager in der Leistengegend wie die Adler in aufrechter Stellung. Diese beiden Arten weisen kühne, ungestüme und heftige Leute auf, die jedoch bei Verfehlungen leicht den Mut verlieren, und man darf sich darüber nicht wundern, wenn man die Natur der Löwen und Adler bedenkt.

(38) σχιζίαι δὲ <καὶ> ἱμαντώδεις εὐμήκεις μὲν ἄμφω καὶ μακροὶ τὰ σκέλη καὶ ὑπέρχειρες, διενηνόχασι δὲ ἀλλήλων μικρά τε καὶ μείζονα· οἱ μὲν γὰρ στρυφνοί τε κατα φαίνονται καὶ εὔγραμμοι καὶ πολυσχιδεῖς, ὅθεν οἶμαι καὶ ἡ ἐπωνυμία αὐτοῖς ἥκει, οἱ δὲ μανοί τέ εἰσι καὶ ἀνειμένοι μᾶλλον, καὶ ὑγρ<οὶ τὸ σῶμα, ὁμοιούμενοι δι' αὐτὰ> ταὐτὰ τοῖς μάσθλησιν. εἰσὶ δ' αὐτῶν οἱ μὲν ἰταμώτεροι τὰς συμπλοκάς, οἱ δὲ ἱμαντώδεις συνεκτικώτεροί τε καὶ εἴ<ρων>ες.

(39) <καρ>τ<ε>ρικῶν δὲ ἀθλητῶν εἴδη <σκληρο>ί, μυώδεις, κοῖλοι τ<ὸ ἰσχίον, ἀ>νεσκιτηκότες τὴν ὄψιν <ἐνιαχ>οῦ μὲν ἐοίκασιν καὶ ἀ<ναλ>ωτ<οι ἀσ>φαλέστεροι[1] δ' αὐτῶν οἱ φλεγματώδεις, οἱ γὰρ ἐπίχολοι σφῶν οἷοι [καὶ] διὰ τὸ ἕτοιμον τῆς φύσεως καὶ μανικῶς παραλλάξαι.

(40) οἱ δὲ ταῖς ἄρκτοις ὁμοιούμενοι στρογγύλοι τέ εἰσι καὶ ὑγροὶ καὶ εὔσαρκοι καὶ ἧττον διηρθρωμένοι καὶ περιεχεῖς μᾶλλον ἢ ὀρθοί, δυσπάλαιστοί τε καὶ διολισθάνοντες, καρτερῶς <δ'> εἴροντες· καὶ σφαραγεῖ δὲ τούτους τὸ πνεῦμα καθάπερ ταῖς ἄρκτοις ἐν τοῖς δρόμοις.

(41) οἱ δὲ ἰσόχειρες, οὓς περιδεξίους ὀνομάζουσι, σπάνιον εὕρημα φύσεως ὄντες τήν τε ἰσχὺν ἄῤῥηκτοί εἰσι καὶ δυϋύλακτοι καὶ ἀκμῆτες· τουτὶ γὰρ αὐτοῖς δίδωσι τὸ ἰσοδέξιον αὐτοῦ τοῦ σώματος πλέον ἰσχύον τῶν ἀρτίων.

τουτὶ δὲ ὁπόθεν λέγω· Μῦς ὁ Αἰγύπτιος, ἐγὼ τῶν πρεσβυτέρων ἤκουον, ἀνθρώπιον μὲν ἦν[2] οὐ μέγα, ἐπάλαιε δὲ πρόσω τέχνης· τούτῳ νοσήσαντι ἐπέδωκε τὰ ἀριστερά· τοῦ δὲ ἀθλεῖν ἀπεγνωκότι ὄναρ ἐγένετο θαῤῥεῖν τὴν νόσον, ἰσχύσειν γὰρ πλέον τοῖς πεπηρωμένοις ἢ τοῖς ἀκεραίοις τε καὶ ἀτρώτοις.

1 <ἐνιαχ>οῦ μὲν ἐοίκασιν καὶ ἀ<ναλ>ωτ<οι ἀσ>φαλέστεροι Zingerle, <…>οῦ μὲν ἐοίκασιν καὶ <…>ωτ<…, ἀσ>φαλέστεροι Jüthner.

2 Von § 41 ἦν bis § 58 ἀφῶμεν ist der Text auch im Codex Monacensis überliefert; s. S. 24-25.

(38) Die Spanförmigen und Riemenartigen sind jeweils recht schlank mit langen Beinen und überlangen Händen, unterscheiden sich aber voneinander in Kleinem und Großem; die Ersteren erscheinen nämlich steif, schön gezeichnet und reich gegliedert – daher stammt, wie ich glaube, auch ihr Beiname –, die Letzteren aber sind eher schlapp, lässig und von schmiegsamem Körper und werden eben deshalb mit den Riemen verglichen. Es sind aber die einen von ihnen verwegener in den Umschlingungen, die anderen – nämlich die Riemenartigen – zurückhaltender und träge.

(39) Ausdauernde Sportlergestalten sind die harten, muskulösen, die mit dünner Taille und heiterem Gesicht; bisweilen scheinen sie geradezu unüberwindlich! Verlässlicher als jene sind aber die Phlegmatiker, denn die Choleriker (s. S. 17) unter ihnen sind derart, dass sie wegen der Lebhaftigkeit ihres Naturells sogar in Wahnsinn verfallen können.

(40) Die mit den Bären Verglichenen sind rundlich, geschmeidig, fleischig, weniger fein gegliedert und eher gebückt als aufrecht, schwer niederzuringen, leicht entschlüpfend und ausdauernd in der Umschlingung. Ihr Atem rasselt wie der von laufenden Bären.

Gleichhänder

(41) Gleichhänder, die man auch Leute mit zwei rechten Händen nennt, sind ein seltenes Naturfundstück; sie sind von nicht zu brechender Kraft, schwer abzuwehren und unermüdlich. Diese Eigenschaften nämlich verleiht ihnen eben die beiderseitige Ausbildung des Körpers, die mehr vermag als der normale Zustand.

Woher diese Kenntnis stammt, will ich sagen: Mys aus Ägypten war – wie ich von den Älteren erfuhr – ein mäßig großes Männlein, aber ein mehr als kunstgerechter Ringer. Er wurde krank und nahm linksseitig zu. Als er den Sport aufgeben wollte, träumte ihm, er solle bezüglich der Krankheit unbesorgt sein, denn er werde mit der erkrankten Seite mehr vermögen als mit der gesunden und unversehrten.

καὶ ἀληθὴς ἡ ὄψις· τὰ γὰρ δυσφύλακτα τῶν παλαισμάτων τοῖς βεβλαμμένοις τῶν μερῶν διαπλέκων χαλεπὸς ἦν τοῖς ἀντιπάλοις καὶ ὤνητο τῆς νόσου τῷ τοῖς διεφθορόσιν ἐρρῶσθαι. τοῦτο θαυμάσιον μέν, εἰρήσθω δὲ μὴ ὡς γιγνόμενον, ἀλλ' ὡς γενόμενον καὶ θεοῦ δοκείτω μᾶλλον ἐνδεικνυμένου τι ἀνθρώποις μέγα.

(42) περὶ μὲν δὴ σώματος ἀναλογίας καὶ εἴτε ὁ τοιόσδε βελτίων, εἴτε ὁ τοιόσδε, εἰσί που καὶ λεπταὶ ἀντιλογίαι παρὰ τοῖς μὴ ξὺν λόγῳ διεσκεμμένοις ταῦτα, περὶ δὲ κράσεων, ὁπόσαι εἰσίν, οὔτε ἀντείρηταί πω οὔτε ἀντιλεχθείη ἂν τὸ μὴ οὐκ ἀρίστην κράσεων τὴν θερμήν τε καὶ ὑγρὰν εἶναι· ξύγκειται γὰρ ὥσπερ τὰ πολυτελῆ τῶν ἀγαλμάτων ἀκηράτου τε καὶ καθαρᾶς ὕλης.

ἐλεύθεροι μὲν πηλοῦ τε καὶ ἰλύος καὶ χυμῶν περιττῶν, οἷς τὸ τοῦ φλέγματος καὶ τὸ τῆς χολῆς σπανίζει νᾶμα, εὐκάματοι δὲ ἃ χρὴ μοχθεῖν, καὶ εὔσιτοι καὶ νοσοῦντες μὲν ὀλιγάκις, ταχὺ δὲ ἐκ τῶν νόσων ἀναφέροντες, εὐαγωγοί τε καὶ εὐήνιοι γυμνάσαι ποικίλως δι' εὐμοιρίαν κράσεως.

οἱ δὲ ἐπίχολοι τῶν ἀθλητῶν θερμοὶ μέν, ξηροὶ δὲ τὴν κρᾶσιν καὶ ἄκαρποι τοῖς γυμνάζουσι καθάπερ τοῖς σπείρουσιν αἱ θερμαὶ ψάμμοι, ἔρρωνται δ' ὅμως τῷ τῆς γνώμης ἑτοίμῳ· περίεστι γὰρ αὐτοῖ<ς τούτου. οἱ δὲ φλεγματώδεις βραδύτεροι τὴ>ν ἕξιν ὑπὸ ψυχρότητος. γυμναστέοι τε οὗτοι συντόνως μ<ὲν κινούμενοι, οἱ δὲ> ἐπίχολοι βάδην καὶ διαπνέοντες – τοῖς μὲν γὰρ δεῖ κέντρου, τοῖς δὲ ἡνίας –, χρὴ δὲ τοὺς μὲν ξυνάγειν τῇ κόνει, τοὺς δὲ τῷ ἐλαίῳ ἐπαιονᾶν.

Und das Traumgesicht hatte Recht, denn indem er mit den betroffenen Teilen nicht zu parierende Ringergriffe anzubringen wusste, war er den Gegnern gefährlich und hatte noch Vorteil von der Krankheit, indem gerade in seinem Gebrechen seine Stärke lag! Das ist ein Wunder und soll nicht als etwas genannt werden, das regelmäßig geschieht, sondern als Einzelfall; es wird so mehr als Werk einer Gottheit erscheinen, die den Menschen etwas Großes vor Augen führen wollte.

Es soll nicht genannt werden, als etwas, das regelmäßig zu geschehen pflegt

Temperamente

(42) Über die Körperverhältnisse und ob diese oder jene Eigenschaften besser sind, gibt es freilich auch spitzfindigen Widerspruch bei denjenigen, die dies nicht verständig untersucht haben. Über die Temperamente (s. S. 17) aber, so viele es gibt, hat sich weder früher noch wohl auch jetzt ein Widerspruch dagegen erhoben, dass das beste unter den Temperamenten das warmfeuchte ist; denn es besteht wie die kostbaren Standbilder aus unverfälschtem und lauterem Stoff.

Frei von Lehm und Schlamm und überflüssigen Säften sind diejenigen, denen Schleim und Gallenflüssigkeit fehlt; auch sind sie den erforderlichen Anstrengungen gewachsen und von guter Verdauung, selten kränkelnd, dagegen rasch von den Krankheiten erholt, gefügig und lenksam in vielfachem Training aufgrund ihres glücklichen Temperaments.

Die Choleriker unter den Sportlern sind warm, aber trocken von Temperament und unergiebig für die Trainer wie für den Bauern bei der Aussaat der heiße Sand; dennoch ragen sie durch ihre Geistesgegenwart hervor, die sie im Übermaß besitzen. Die Phlegmatiker hingegen sind infolge der Kälte schwerfälliger in ihrem Verhalten. Diese sind durch angestrengte Bewegung zu trainieren, die Choleriker aber gemächlich und mit Ruhepausen; die einen brauchen ja den Sporn, die anderen den Zügel, und es müssen die einen mittels Staub getrocknet, die anderen mit Öl befeuchtet werden.

(43) ταῦτα εἰρήσθω μοι περὶ κράσεως ἐκ τῆς νῦν γυμναστικῆς, ὡς ἡ ἀρχαία γε οὐδὲ ἐγίνωσκε κρᾶσιν, ἀλλὰ μόνην τὴν ἰσχὺν ἐγύμναζεν.

γυμναστικὴν δὲ οἱ παλαιοὶ καὶ αὐτὸ τὸ ὁτιοῦν γυμνάζεσθαι· ἐγυμνάζοντο δὲ οἱ μὲν ἄχθη φέροντες οὐκ εὔφορα, οἱ δὲ ὑπὲρ τάχους ἁμιλλώμενοι πρὸς ἵππους καὶ πτῶκας, οἱ δὲ ὀρθοῦντές τε καὶ κάμπτοντες σίδηρον ἐληλαμένον εἰς παχύ, οἱ δὲ βουσὶ συνεζευγμένοι καρτεροῖς τε καὶ ἁμαξεύουσιν, οἱ δὲ ταύρους ἀπαυχενίζοντες οἱ δ᾽ αὐτοὺς λέοντας. ταῦτα δὲ δὴ Πολυμήστορες καὶ Γλαῦκοι καὶ Ἀλησίαι καὶ Πουλυδάμας ὁ Σκοτουσσαῖος. Τίσανδρον δὲ τὸν ἐκ τῆς Νάξου πύκτην περὶ τὰ ἀκρωτήρια τῆς νήσου νέοντα παρέπεμπον αἱ χεῖρες ἐπὶ πολὺ τῆς θαλάττης [παραπεμπόμεναι] γυμναζόμεναί τε καὶ γυμνάζουσαι. ποταμοί τε αὐτοὺς ἔλουον καὶ πηγαὶ καὶ χαμευνίαν ἐπήσκουν οἱ μὲν ἐπὶ βυρσῶν ἐκταθέντες, οἱ δ᾽ εὐνὰς ἀμήσαντες ἐκ λειμώνων. σιτία δὲ αὐτοῖς αἵ τε μᾶζαι καὶ τῶν ἄρτων οἱ ἄπτιστοι καὶ μὴ ζυμῆται καὶ τῶν κρεῶν τὰ βόειά τε καὶ ταύρεια καὶ τράγεια τούτους ἔβοσκε καὶ δόρκοι κότινοί τε <καὶ> φυλίας ἔχριον αὐτοὺς λίπα· ὅθεν ἄνοσοί τε ἤσκουν καὶ ὀψὲ ἐγήρασκον.

ἠγωνίζοντό τε οἱ μὲν ὀκτὼ Ὀλυμπιάδας, οἱ δὲ ἐννέα καὶ ὁπλιτεύειν ἀγαθοὶ ἦσαν ἐμάχοντό τε ὑπὲρ τειχῶν, οὐδὲ ἐκεῖ πίπτοντες, ἀλλὰ ἀριστείων τε ἀξιούμενοι καὶ τροπαίων, καὶ μελέτην ποιούμενοι πολεμικὰ μὲν γυμναστικῶν, γυμναστικὰ δὲ πολεμικῶν ἔργα.

Das Training

Abhärtung

(43) Soviel mag nach der heutigen Trainingslehre über das Temperament gesagt sein, da die alte vom Temperament nicht einmal Kenntnis hatte, sondern bloß die Körperkraft trainierte.

Unter Training verstanden die Alten eben eine wie immer geartete körperliche Übung. Es übten sich aber die einen durch das Tragen schwerer Lasten, die anderen, indem sie in der Schnelligkeit mit Pferden und Hasen wetteiferten, dicke Eisenplatten gerade und krumm bogen oder sich mit kräftigen Zugochsen zusammenspannen ließen, schließlich Stiere bändigten oder gar Löwen. Das taten Männer wie Polymestor (s. o. § 13), Glaukos (s. o. § 1 und 22), Alesias und Poulydamas aus Skotoussa (s. o. § 1). Den Boxer Tisandros aus Naxos, der um die Vorsprünge der Insel herumschwamm, trugen seine Arme weit ins Meer hinaus, womit er sich selbst und seinen Körper übte. Und man badete in Flüssen und Quellen und war gewohnt auf der Erde zu schlafen, teils auf Häuten hingestreckt, teils auf Lagerstätten aus Heu von den Wiesen. Als Speise diente ihnen Gerstenbrot und aus Kleienmehl hergestelltes ungesäuertes Weizenbrot, und das Fleisch, das sie genossen, war vom Rind, Stier, Ziegenbock und Reh (nicht vom als schlecht verdaulich geltenden Schwein). Sie ölten sich mit Öl vom wildem Ölbaum und vom Oleaster ein. Daher blieben sie bei den Übungen gesund und alterten meist erst spät.

Sie beteiligten sich bald acht, bald neun Olympiaden lang an den Wettkämpfen, waren zu schwerem Waffendienst geeignet und kämpften um die Mauern, auch hierin keineswegs ohne Erfolg, vielmehr durch Prämien und Trophäen ausgezeichnet; den Krieg betrachteten sie als Vorübung für das Training und das Training als Vorübung für den Krieg.

(44) ἐπεὶ δὲ μετέβαλε ταῦτα καὶ ἀστράτευτοι μὲν ἐκ μαχομένων, ἀργοὶ δὲ ἐξ ἐνεργῶν, ἀνειμένοι δὲ ἐκ κατεσκληκότων ἐγένοντο Σικελική τε ὀψοφαγία ἴσχυσεν, ἐξενευρίσθη τὰ στάδια, καὶ πολλῷ μᾶλλον, ἐπειδὴ κολακευτική γε ἐγκατελέχθη τῇ γυμναστικῇ.

ἐκολάκευσε δὲ πρῶτον μὲν ἰατρικὴ παρισταμένη ξύμβουλον, ἀγαθὴν μὲν τέχνην, μαλακωτέραν δὲ ἢ ἀθλητῶν ἅπτεσθαι, ἔτι τε ἀργίαν ἐκδιδάσκουσα καὶ τὸν πρὸ τοῦ γυμνάζεσθαι χρόνον καθῆσθαι σεσαγμένους οἷον ἄχθη Λιβυκὰ ἢ Αἰγύπτια, ὀψοποιούς τε καὶ μαγείρους ἥδοντας παραφέρουσα, ὑφ' ὧν λίχνοι τε ἀποτελοῦνται καὶ κοῖλοι τὴν γαστέρα ἄρτοις τε μηκωνίαις καὶ ἀπεπτισμένοις ἑστιῶσα, ἰχθύων παρανομωτάτης βρώσεως ἐμφοροῦσα, καὶ φυσιολογοῦσα τοὺς ἰχθῦς ἀπὸ τῶν τῆς θαλάττης δήμων – ὡς παχεῖς μὲν οἱ ἐξ ἰλύων, ἁπαλοὶ δὲ οἱ ἐκ πετρῶν, κρεώδεις δὲ οἱ πελάγιοι, λεπτούς τε βόσκουσι θαλίαι, τὰ φυκία δὲ ἐξιτήλους -, ἔτι τε τὰ χοίρεια τῶν κρεῶν σὺν τερατολογίᾳ ἄγουσα· μοχθηρὰ μὲν γὰρ ἡγεῖσθαι κελεύει τὰ ἐπὶ θαλάττῃ συβόσια διὰ τὸ σκόροδον τὸ θαλάττιον, οὗ μεστοὶ μὲν αἰγιαλοί, μεσταὶ δὲ θῖνες, φυλάττεσθαι δὲ καὶ τὰ ἀγχοῦ ποταμῶν διὰ τὴν καρκίνων βρῶσιν, μόνων δὲ ἀναγκοφαγεῖν τῶν ἐκ κρανείας τε καὶ βαλάνου.

(45) τὸ δὲ οὕτω τρυφᾶν δριμὺ μὲν καὶ ἐς ἀφροδισίων ὁρμήν, ἦρξε δὲ ἀθληταῖς καὶ τῆς ὑπὲρ χρημάτων παρανομίας καὶ τοῦ πωλεῖν τε καὶ ὠνεῖσθαι τὰς νίκας· οἱ μὲν γὰρ καὶ ἀποδίδονται τὴν ἑαυτῶν εὔκλειαν δι' οἶμαι τὸ πολλῶν δεῖσθαι, οἱ δ' ὠνοῦνται τὸ μὴ ξὺν πόνῳ νικᾶν διὰ τὸ ἁβρῶς διαιτᾶσθαι.

Verweichlichung

Essen und Trinken

(44) Als hier aber ein Umschwung eintrat und aus den Kämpfern militärisch Untaugliche, aus Tatkräftigen Träge, aus Abgehärteten Weichlinge geworden waren, und die für Sizilien typische Schlemmerei überhand nahm, da trat Entnervung auf den Sportplätzen ein, und zwar umso mehr, als die Schmeichelei in das Training eingeführt wurde.

Ihrer bediente sich zuerst die Medizin, indem sie eine Kunst als Beraterin heranzog, die zwar gut, aber zu weichlich ist, um auf Sportler angewendet zu werden: Sie lehrt nämlich die Untätigkeit und das vor den Übungen Herumsitzen, vollgepfropft wie Mehlsäcke aus Africa und Ägypten, führt Feinbäcker und Luxusköche ein, wodurch nur Schleckermäuler und Fresser gezüchtet werden, und setzt mohnbestreutes Weizenbrot aus feinem Mehl vor, mästet die Sportler mit gänzlich satzungswidriger Fischkost und bestimmt die Fischarten nach den Fanggründen im Meer: Fett seien die aus dem Schlamm stammenden, mager die von den Klippen, fleischig die vom offenen Meer, Blütentang bringe nur kleine Fische hervor, Algen saftlose. Auch verabreicht sie das Schweinefleisch mit erstaunlichen Anweisungen: Sie schreibt nämlich vor, man solle die Schweine am Meer als unbrauchbar ansehen, da sie sich mit Meerknoblauch ernähren, von dem die Ufer und die Dünen voll sind; auch solle man sich vor den Schweinen hüten, die an den Flüssen gemästet werden, weil sie Krebse fressen. Vielmehr solle man zur Zwangsdiät nur die mit Kornelkirschen und Eicheln gemästeten Schweine verwenden.

Sex und Geldgier

(45) Eine solche Üppigkeit ist auch ein starker Anreiz für den Sex; ja, sie gab Sportlern sogar Anstoß zu Satzungswidrigkeiten in Geldsachen und zum Kauf und Verkauf der Siege, denn die einen verkaufen sogar – wie ich meine – ihren Ruhm, weil sie viel brauchen, die anderen müssen sich einen mühelosen Sieg kaufen, weil sie ein weichliches Leben führen.

καὶ ἀργυροῦν μὲν ἢ χρυσοῦν περισπῶντι ἀνάθημα ἢ διαφθείροντι ὀργὴν οἱ νόμοι οἱ ἐς ἱεροσύλους ὄντες, στέφανον δ' Ἀπόλλωνος ἢ Ποσειδῶνος, ὑπὲρ οὗ καὶ αὐτοί γε οἱ θεοὶ μέγα ἤθλησαν, ἄδεια μὲν ἀποδίδοσθαι, ἄδεια δὲ ὠνεῖσθαι, πλὴν ὅσα Ἠλείοις ὁ κότινος ἄσυλος μένει κατὰ τὴν ἐκ παλαιοῦ δόξαν· οἱ δὲ ἄλλοι τῶν ἀγώνων, τόδε μὲ ἐκ πολλῶν εἰρήσθω μοι, ἐν ᾧ πάντα παῖς ἐνίκα [κατὰ] πάλην Ἴσθμια τρισχιλίας ἑνὶ τῶν ἀντιπάλων ὁμολογήσας ὑπὲρ τῆς νίκης· ἥκοντες οὖν τῆς ὑστεραίας ἐς τὸ γυμνάσιον ὁ μὲν ἀπῄτει τὰ χρήματα, ὁ δ' οὐκ ὀφείλειν ἔφη, κεκρατηκέναι γὰρ δὴ ἄκοντος. ὡς δ' οὐδὲν ἐπέραινεν, ὅρκῳ ἐπιτρέπουσι καὶ παρελθόντες ἐς τὸ τοῦ Ἰσθμίου ἱερὸν ὤμνυε δημοσίᾳ ὁ τὴν νίκην ἀποδόμενος πεπρακέναι μὲν τοῦ θεοῦ τὸν ἀγῶνα, τρισχιλίας δ' ὡμολογεῖσθαί οἱ· καὶ ὡμολόγει ταῦτα λαμπρᾷ τῇ φωνῇ μηδὲ τῇ εὐ<φήμῳ εἴ>πας· ὅσῳ γὰρ ἀληθέστερα, εἰ οὐδ' ἄνευ μαρτύρων, τοσῷδε ἀνιερωτέρα καὶ ἐπιῤῥητοτέρα· ὤνβψε δὲ Ἰσθνιῦ ταῦτα καὶ κατ' ὀφθαλμοὺς τῆς Ἑλλάδος. τί μὲν οὐκ ἂν ἐν Ἰωνίᾳ, τί δ' οὐκ ἂν <ἐν Ἀσί>ᾳ γένοιτο ἐπ' αἰσχύνῃ ἀγῶνος.

οὐκ ἀφίημι τοὺς γυμναστὰς α<ὐτοὺς> ἐπὶ τῇ διαφθορᾷ ταύτῃ· πα<ρόντες> μὲν γὰρ μετὰ χρημάτων ἐπὶ τὸ γυμνάζειν, καὶ δανείζοντες τοῖς ἀθληταῖς ἐπὶ τόκοις μείζοσιν ἢ ὧν ἔμποροι θαλαττεύοντες τῆς μὲν τῶν ἀθλητῶν δόξης ἐπιστρέφονται οὐδέν, τοῦ δὲ πωλεῖν τε καὶ ὠνεῖσθαι ξύμβουλοι γίγνονταί σφισι προνοοῦντες τοῦ ἑαυτῶν κέρδους ἢ γὰρ δάνεσιν ὠνουμένων ἢ πεπρακότων ἀπολήψει. καὶ ταυτὶ μὲν κατὰ καπηλευόντων εἰρήσθω μοι, καπηλεύουσι γάρ που τὰς τῶν ἀθλητῶν ἀρετὰς τὸ ἑαυτῶν εὖ τιθέμενοι.

(46) ἁμαρτάνουσι δὲ κἀκεῖνο· παῖδα ἀθλητὴν ἀποδύσαντες γυμνάζουσιν ὡς ἤδη ἄνδρα τήν τε γαστέρα προβαρύνειν

Und wenn einer ein silbernes oder goldenes Weihgeschenk entwendet oder vernichtet, so verfolgen ihn die gegen Tempelraub gerichteten Gesetze mit ihrem Zorn, den Kranz des Apollon (bei den Pythien) oder des Poseidon (bei den Isthmien) aber, um den sich sogar die Götter selbst gewaltig bemühten, kann man ungestraft verkaufen, ungestraft kaufen; nur bei den Eleern gilt der Olivenkranz (bei den Olympien) nach altem Glauben noch für unantastbar. Was aber die übrigen Wettkämpfe anbelangt, so will ich folgendes Beispiel unter vielen hervorheben, womit alles gesagt ist: Ein Knabe siegte im Ringkampf bei den Isthmien, nachdem er einem seiner Gegner 3000 (Drachmen) für den Sieg zugesagt hatte. Als sie nun am nächsten Tag in das Gymnasion kamen, verlangte der eine sein Geld, der andere aber erklärte, ihm nichts zu schulden, denn er habe ihn wider seinen Willen besiegt. Da jener zu keinem Ziel kam, lassen sie es auf den Eid ankommen; im Heiligtum des isthmischen Gottes (Poseidon) angekommen leistete derjenige, der den Sieg verhandelt hatte, den Eid, er habe des Gottes Wettkampf verkauft; dabei seien ihm 3000 (Drachmen) zugesagt worden. Er brachte dieses Geständnis mit lauter Stimme und keineswegs zurückhaltend vor – je wahrer nämlich die Sache ist, auch wenn Zeugen nicht fehlten, desto gottloser und verruchter ist sie. Er schwor dies auf dem Isthmos und angesichts von Hellas. Was mag da nicht erst in Ionien, was in Asia vorkommen, den Spielen zur Schmach!

Von dieser Verderbnis vermag ich die Trainer selbst nicht freizusprechen. Sie kommen nämlich mit Geld versehen zum Training, leihen den Sportlern zu höherem Zinsfuß, als er bei den Seedarlehen (s. S. 20) üblich ist, und nehmen keine Rücksicht auf den Ruf der Sportler, sondern raten ihnen zu Kauf und Verkauf und suchen nur ihren eigenen Vorteil – sei es in Wucherdarlehen an Kauflustige, sei es im Einkassieren nach erfolgtem Handel. Soviel mag über die Schachernden gesagt sein; ja sie verschachern gewissermaßen die Tüchtigkeit der Sportler, indem sie ihren eigenen Vorteil wahrnehmen.

Trägheit

(46) Sie begehen aber auch folgenden Fehler: Den Sportlerknaben entkleiden sie und trainieren ihn wie einen fertigen

κελεύοντες καὶ βαδίζειν μεταξὺ τοῦ γυμνάζεσθαι καὶ ἐρεύγεσθαι, κοῖλον δι' ὧν ὥσπερ οἱ κακῶς παιδεύοντες ἀφελόντες τὸν παῖδα τὸ νεοτήσιον σκίρτημα ἀργίαν γυμνάζουσι καὶ ἀναβολὰς καὶ νωθροὺς εἶναι καὶ ἀτολμοτέρους τῆς αὑτῶν ἀκμῆς. κίνησιν ἐχρῆν γυμνάζειν ὡς ἡ παλαίστρα· κίνησιν δὲ λέγω τήν τε ἀπὸ τῶν σκελῶν ὁπόση ἐκ μαλαττόντων τήν τε ἀπὸ τῶν χειρῶν ὁπόση <ἐκ σκληρυνόντων>. καὶ παρακροτείτω ὁ παῖς ἐπειδὴ ἀγερωχότερα τὰ τούτων γυμνάσια. τὸν Φοίνικα Ἕλικα ἥδε ἡ ἰδέα ἐγύμναζεν οὐκ ἐν παισὶ μόνον, ἀλλὰ καὶ ἐς ἄνδρας ἥκοντα, καὶ λόγου θαυμασιώτερος ἐγένετο παρὰ πάντας, οὓς οἶδα τὴν ῥᾳστώνην ἐκμελετῶντας ταύτην.

(47) προσεκτέα δὲ οὐδὲ ταῖς τῶν γυμναστῶν τετράσιν, ὑφ' ὧν ἀπόλωλε τὰ ἐν γυμναστικῇ πάντα. ἡγώμεθα δὲ τὴν τετράδα κύκλον ἡμερῶν τεττάρων ἄλλο ἄλλην πράττουσαν· ἡ μὲν γὰρ παρασκευάζει τὸν ἀθλητήν, ἡ δὲ ἐπιτείνει, ἡ δὲ ἀνίησιν, ἡ δὲ μεσεύει.

ἔστι δὲ τὸ παρασκευάζον γυμνάσιον σύντονος πρὸς βραχὺ καὶ ταχεῖα κίνησις ἐγείρουσα τὸν ἀθλητὴν καὶ [σὺν] τῷ μέλλοντι μόχθῳ ἐφιστᾶσα, τὸ δὲ ἐπιτεῖνον ἔλεγχος ἀπαραίτητος τῆς ἐναποκειμένης ἰσχύος τῇ ἕξει, ἡ <δ'> ἄνεσις [ὡς] ὥρα κίνησι<ν> [καὶ] ξὺν λόγῳ ἀνακτωμένη, ἡ δὲ μεσεύουσα τῶν ἡμερῶν διαφεύγειν μὲν τὸν ἀντίπαλον, διαφεύγοντος δὲ μὴ ἀνιέναι.

καὶ τὴν τοιάνδε ἰδέαν πᾶσαν ἁρμονικῶς γυμνάζοντες καὶ τὰς τετράδας ταύτας ὧδε ἀνακυκλοῦντες ἀφαιροῦνται τὴν ἐπιστήμην τὸ ξυνιέναι τοῦ ἀθλητοῦ τοῦ γυμνοῦ.

Mann, lassen ihn vorher den Bauch füllen, mitten im Training spazieren gehen und rülpsen, dass es dröhnt. Dadurch nehmen sie wie schlechte Erzieher den Knaben die jugendliche Bewegungslust und gewöhnen sie nur an Untätigkeit, Arbeitsaufschub, Trägheit und eine ihrem Alter unangemessene Zaghaftigkeit. Vielmehr sollte man Bewegung wie in der Palaistra üben! Ich meine damit die passive Bewegung der Beine wie bei der sanften Massage und der Arme wie beim Hartkneten. Und der Knabe soll dazu klatschen, da dann diese Übungen lustiger sind. Helix aus Phoinikia (s. S. 15) trainierte nach dieser Regel nicht bloß im Knabenalter, sondern auch zum Mann herangereift; dabei erregte er unvergleichlich größere Bewunderung als alle, die – soweit ich weiß – diese Art der Erholung pflegten.

Falsches Training

Vier-Tage-Zyklus

(47) Unberücksichtigt soll man auch die „Tetraden" der Trainer lassen, durch die ja die gesamte Trainingslehre zugrunde gerichtet worden ist. Unter „Tetrade" versteht man einen Zyklus von vier Tagen, an deren jedem etwas anderes geschieht: Am ersten wird der Sportler vorbereitet, am zweiten intensiv beschäftigt, am dritten der Erholung überlassen und am vierten mittelmäßig angestrengt.

Es ist aber das vorbereitende Training eine energisch kurze und rasche Bewegung, die den Sportler anregt und für die kommende Anstrengung vorbereitet. Das intensive Training ist eine unwiderlegbare Probe für die der Konstitution innewohnende Kraft. Die Erholung ist der Zeitpunkt, der die Bewegung rationell wieder aufnimmt, und der Tag der mittelmäßigen Anstrengung lehrt, wie man dem Gegner entfliehen kann, wenn der aber selbst flieht, nicht nachzulassen.

Und indem sie diesen ganzen Trainingsstil systematisch durchnehmen und diesen Vier-Tage-Zyklus so immer wiederholen, entziehen sie ihrer Wissenschaft das Verständnis für den Zustand des zu trainierenden Sportlers.

καὶ γὰρ λυπεῖ μὲν σιτία, λυπεῖ δὲ οἶνος κλοπαὶ τε τῶν σιτίων καὶ ἀγωνίαι καὶ κόποι καὶ πλείω ἕτερα, τὰ μὲν ἑκούσια τὰ δὲ ἀκούσια. πῶς ἰασόμεθα τοῦτον τετράζοντες καὶ κληροῦντες;

(48) τοὺς μὲν δὴ ὑπερσιτήσαντας ὀφρύς τε δηλώσει βαρεῖα καὶ κοῖλον ἆσθμα καὶ κύαθοι κλειδῶν ἀνεστηκότες καὶ οἱ πλάγιοι κενεῶνες ὄγκου τι ἐνδεικνύμενοι,

τοὺς δὲ ὑποίνους γαστήρ τε ἑρμηνεύσει περιττὴ καὶ αἷμα ἱλαρώτερον καὶ ἰκμὰς ἡ μὲν κενεῶνος ἡ δὲ ἐπιγουνίδος,

τοὺς δ' ἐξ ἀφροδισίων ἥκοντας γυμναζομένους μὲν πλείω ἐλέγξει τὴν ἰσχύν τε γὰρ ὑποδεδωκότες καὶ στενοὶ τὸ πνεῦμα καὶ τὰς ὁρμὰς ἄτολμοι καὶ ἀπανθοῦντες τῶν πόνων καὶ τὰ τοιαῦτα ἁλίσκεσθαι· ἀποδύντας δὲ κλείς τε ἂν ἐνδείξαιτο κοίλη καὶ ἰσχίον ἄναρμον καὶ πλευρὰ ὑποχαράττουσα καὶ ψυχρότης αἵματος. οὓς, εἰ ἐφαπτοίμεθα, οὐδ' ἂν εἴη στέφοι ἀγωνία. λεπτὰ μὲν τούτοις ὑπώπια, λεπτὴ δὲ πήδησις καρδίας, λεπτοὶ δ' ἱδρώτων ἀτμοὶ, λεπτοὶ δ' ὕπνοι ἰθύνοντες τὰ σίτα βολαί τε ὀφθαλμῶν πεπλανημέναι καὶ τὸ ἐρᾶσθαι δοκεῖν ἀποσημαίνουσαι.

(49) οἱ δὲ ὀνειρώττοντες ἀποκάθαρσις μὲν τῆς ἐπιπολαζούσης εὐεξίας, ὁρῶνται δ' ὅμως ὕπωχροι καὶ δροσίζοντες καὶ ὑποδεέστεροι μὲν τὴν ἰσχύν, εὐτραφεῖς δὲ ὑπὸ τοῦ καθεύδειν καὶ ἀνεύθυνοι τὸ ἰσχίον καὶ διαρκεῖς τὸ πνεῦμα. ἐν χώρᾳ τε τῶν ἀφροδισιαζόντων ὄντες <οὐ> ταὐτόν εἰσιν· οἱ μὲν γὰρ καθαίρονται τὴν ἕξιν, οἱ δὲ τήκονται. κόπων δὲ ἀγαθὴ μάρτυς ἥ τε ἔξωθεν περιβολὴ τοῦ σώματος λεπτοτέρα ἑαυτῆς δοκοῦσα καὶ ἀνοιδοῦσα φλὲψ καὶ κατηφὴς βραχίων καὶ τὰ μυώδη κατεσκληκότα.

Es schaden ja die Speisen, der Wein, das heimliche Essen, die Angst, die Ermüdung und anderes mehr, teils Willkürliches, teils Unwillkürliches. Wie werden wir in solchen Fällen durch Vier-Tage-Zyklus und Bestimmungs-Training Heilung bringen?

Probleme durch Essen, Trinken und Sex

(48) Zu vieles Essen verraten eine hängende Augenbraue, keuchender Atem, die Ausfüllung der Schlüsselbeinhöhlen (vgl. § 29) und die Weichen an der Seite, die eine gewisse Üppigkeit aufweisen.

Die Weintrinker kennzeichnet ein dicker Bauch, lebhafteres Blut und Feuchtigkeit sowohl der Weichen als auch der Knie.

Die vom Sex Kommenden verraten sich beim Training in mehrfacher Hinsicht. Sie sind nämlich von herabgeminderter Kraft, kurzem Atem, schüchtern im Angriff; auch verlieren sie durch die Anstrengungen die Farbe und sind auch folgendermaßen erkennbar: Entkleidet verraten sie sich durch die Höhlung am Schlüsselbein, die ungefüge Hüfte, die Zeichnung der Rippen und die Kälte des Blutes. Sie werden, wenn wir es dennoch mit ihnen versuchen, im Wettkampf keinen Siegeskranz davontragen. Schwach entwickelt ist bei ihnen die untere Augenpartie, schwach der Herzschlag, schwach die Transpiration, leise der Schlaf, der die Verdauung regelt; die Blicke ihrer Augen sind unstet und spiegeln das Bewusstsein davon, Sex gehabt zu haben.

(49) Was den nächtlichen Samenerguss betrifft, so ist er zwar eine Entladung der überquellenden Gesundheit, doch sind die Leute blass anzusehen und schweißbedeckt und an Körperkraft minderwertig, wenn auch infolge des Schlafes wohlgenährt, von tadelloser Hüfte und ausgiebigem Atem. Mit denen, die vom Sex kommen, stehen sie in einer Linie, doch sind sie nicht dasselbe, denn sie erfahren eine Läuterung ihres Zustandes, die anderen aber reiben sich auf. Es ist ein sicheres Anzeichen für Erschöpfung, wenn die Oberfläche des Körpers zarter erscheint als sonst, außerdem schwellende Adern, schlaffe Arme und welke Muskulatur.

(50) οἱ μὲν δὴ ὑπερσιτήσαντες, ἤν τε κοῦφοι τύχωσιν ἤν τε βαρυτέρων ἀγωνισταί, μεταχειριστέοι ταῖς ἐς τὸ κάτω τρίψεσιν, ἵνα τῶν κυριωτέρων τὰ περιττὰ ἀπάγοιτο. γυμναστέοι δὲ πένταθλοι μέν τι ἀπὸ τῶν κούφων, δρομεῖς δὲ μὴ ξυντείνοντες, ἀλλὰ σχολαῖοι καὶ μεῖζόν τι διαβαίνοντες, πύκται δὲ ἀκροχειριζέσθων ἐλαφροὶ καὶ ἀερίζοντες. πάλη δὲ καὶ παγκράτιον ὀρθοὶ μὲν καὶ οἵδε, ἀλλὰ ἀνάγκη κυλίεσθαι· κυλιέσθων μέν, ἀλλ' ἐπικείμενοι μᾶλλον ἢ ὑποκείμενοι καὶ μηδαμῇ περικυβιστῶντες, ὡς μὴ ἀνιῷτό τινι ἕλκει τὸ σῶμα. μαλαττέσθων τε γυμναστῇ κοῦφοί τε ὁμοίως καὶ βαρεῖς <διὰ> τῶν διὰ με<τρίου τ>ρίψεων τῶν <ἄνω> μάλιστα, καὶ τοῦτ' ἀπομάττειν δ<εήσε>ι λιπαίνοντα.

(51) οἶνος δὲ περιττεύσας ἀθλητῶν σώμασιν, ἱδρῶτος ἀνα<χοὴν> τὰ μεσεύοντα τῶν γυμνασίων ἐκκαλεῖται· οὔτε γὰρ ἐπιγυμνάζειν χρὴ τοὺς τοιούτους περιττεύσαντας οὔτε ἀνιέναι· τὸ γὰρ διεφθορὸς ὑγρὸν ἀποχετεύειν ἄμεινον, ὡς μὴ τὸ αἷμα ἀπ' αὐτοῦ κακουργοῖτο. ἀποματτέτω δὴ ὁ γυμναστὴς καὶ ἀποστλεγγιζέτω ξυμμέτρῳ χρώμενος, ὡς μὴ ἀποφράττοιντο αἱ ἐκβολαὶ τοῦ ἱδρῶτος.

(52) εἰ δ' ἐξ ἀφροδισίων, ἀμείνους μὲν μὴ γυμνάζειν· οἱ γὰρ στεφάνων καὶ κηρυγμάτων αἰσχρὰν ἡδονὴν ἀλλαξάμενοι ποῦ ἄνδρες; εἰ δ' ἄρα γυμνάζοιντο, ὑπὲρ νουθεσίας γυμναζέσθων ἐλεγχόμενοι τὴν ἰσχὺν καὶ τὸ πνεῦμα· ταυτὶ γὰρ μάλιστα αἱ τῶν ἀφροδισίων ἡδοναὶ ἐπικόπτουσιν.

ἡ δὲ τῶν ὀνειρωττόντων ἕξις ἀφροδίσια μὲν καὶ ταῦτα, ἀκούσια δ' ὡς ἔφην.

Richtiges Training

Probleme durch Essen, Trinken und Sex

(50) Die Übermästeten nun, ob sie eben leichte oder schwere Wettkämpfe vornehmen, sind mit Massage in der Richtung nach unten zu behandeln, damit von den wichtigeren Teilen das Überflüssige abgeleitet werde. Zu trainieren sind die Fünfkämpfer in einer der leichten Übungen, die Läufer nicht angestrengt, sondern mit Muße, und nur etwas kräftiger ausschreitend, die Boxer sollen den Handkampf leichthin und nur mit Lufthieben üben. Auch Ringen und Pankration sind im Stehen durchgeführte Kämpfe, doch kommt es notwendig auch zum Kampf auf dem Boden. So sollen sie den Kampf auf dem Boden üben, aber mehr oben als unten liegend und niemals sich überschlagend, damit der Körper nicht durch eine Wunde geschädigt werde. Und der Trainer soll die leichten ebenso wie die schweren Sportler durch Massage mit wenig Öl, hauptsächlich an den oberen Partien, weichkneten; er wird, was er einölt, (mit dem Schabeisen, s. S. 12) abstreifen müssen.

(51) Haben die Sportler zu viel Wein im Leib, so rufen die mittelschweren Übungen Schweißabsonderung hervor. Solch übervolle Leute nämlich sollen weder angestrengt trainiert noch der Erholung überlassen werden, denn es ist besser, die verdorbene Flüssigkeit abzuleiten, damit das Blut von ihr nicht geschädigt wird. Der Trainer soll ihn also abtrocknen und (mit dem Schabeisen) unter Verwendung mäßiger Ölmenge abstreifen, damit die Schweißporen nicht verstopft werden.

(52) Kommt jemand vom Sex, ist er besser, ihn gar nicht zu trainieren: Wo bleibt denn die Männlichkeit bei denen, die für Kranz und Heroldsruf schändliche Wollust eintauschen? Wenn man sie dennoch trainieren will, so geschehe dies zu ihrer Warnung, indem sie durch ihren Kräftezustand und ihre Atmung überwiesen werden. Beides nämlich greift die Wollust besonders stark an.

Was den Zustand der an nächtlichem Samenerguss Leidenden anbelangt, so ist auch dies eine sexuelle Erscheinung, aber – wie (§ 49) gesagt – unfreiwillig.

γυμναστέοι δὲ ξὺν ἐπιμελείᾳ καὶ τὴν ἰσχὺν ὑποθρεπτέοι μᾶλλον, ἐπειδὴ ἐπιλείπει σφᾶς, κἀξικμαστέοι τοὺς ἱδρῶτας, ἐπειδὴ περιττοὶ τούτοις.

ἔστω δὲ ἐνδοσιμώτερα μὲν τὰ γυμνάσια, προηγμένα δὲ ἐς μῆκος, ἵνα τὸ πνεῦμα ἐγγυμνάζοιντο. δεῖ δὲ αὐτοῖς ἐλαίου ξυμμέτρου καὶ πεπαχυσμένου τῇ κόνει· τουτὶ γὰρ τὸ φάρμακον καὶ ξυνέχει τὸ σῶμα καὶ μετρίως ἀνίησιν.

(53) ἀγωνιῶντες δὲ ἀθληταὶ θεραπευέσθων μὲν καὶ τὰς γνώμας λόγῳ παραθρασύνοντί τε αὐτοὺς καὶ πατιστάντι, γυμναζέσθων δ' ἐν χώρᾳ τῶν ἀϋπνούντων τε καὶ μὴ εὐσίτων. εὖ τούτοις ἔχει τὸ ἁρμονικὸν γυμνάσιον· αἱ γὰρ περιδεεῖς γνῶμαι προθυμότεραί εἰσι μανθάνειν ἃ προσήκει φυλάττεσθαι. κόποι δὲ οἱ μὲν αὐτόματοι νόσων ἀρχαὶ, καὶ ἀπόχρη τοὺς μὲν πηλῷ καὶ παλαίστρᾳ πονήσαντας ἀνιέναι [χρὴ] μαλακῶς τε καὶ ὡς εἶπον, τοὺς δὲ ἐν κόνει πεπονηκότας ἐπιγυμνάζειν τῆς ὑστεραίας ἐν πηλῷ ξὺν μικρᾷ ἐπιτάσει· ἡ γὰρ ἀθρόα μετὰ τὴν κόνιν ἄνεσις ἰατρὸς πονηρὸς κόπων, οὐ γὰρ θεραπεύει τὴν ἰσχὺν ἀλλ' ἀποκρεμάννυσιν. ἡ μὲν δὴ σοφωτέρα γυμναστικὴ καὶ ξυντείνουσα εἰς τὸν ἀθλητὴν τοιάδε εἴη ἄν.

(54) ἔλεγχος δὲ τῶν τετράδων, ἃς παρῃτησάμην, καὶ ἡ ἐπὶ Γερηνῷ τῷ παλαιστῇ διαμαρτία, οὗ τὸ σῆμα Ἀθήνησιν ἐν δεξιᾷ τῆς Ἐλευσῖνάδε ὁδοῦ· Ναυκρατίτης μὲν γὰρ ἦν οὗτος καὶ τῶν ἄριστα παλαιόντων, <ὡς αἱ νῖκαι> δηλοῦ<σιν, ἃς ἐνίκησεν> ἀγωνισάμενος. ἐτύγχανε μὲν ἐν Ὀλυμπίᾳ νενικηκώς, τρίτῃ δ' ἀπ' ἐκείνης ἡμέρᾳ ἀποινῶν[1] τὴν ἑαυτοῦ νίκην καί τινας τῶν γνωρίμων ἑστιῶν ὀψοφαγίᾳ ἀήθει χρησάμενος ἀπηνέχθη τοῦ ὕπνου.

[1] ἀποινῶν Zingerle, πίνων Jüthner

Sie sind also mit Sorgfalt zu trainieren und hauptsächlich ihre Körperkraft zu heben, da es ihnen daran mangelt, und ihr Schweiß auszutreiben, da sie daran Überfluss haben.

Ihre Übungen sollen weniger intensiv, aber lang ausgedehnt sein, damit der Atem geübt wird. Sie brauchen eine entsprechende Menge mit Staub verdickten Öles, denn dieses Mittel erhält und erfrischt den Körper.

Psychische Probleme

(53) Ängstliche Sportler sollen auch seelisch beeinflusst werden durch Zuspruch, der sie ermutigt und aufrichtet; trainieren aber soll man sie zusammen mit den Schlaflosen und schlecht Verdauenden. Gut tut diesen das systematische Training, denn furchtsame Seelen lernen bereitwilliger, wovor man sich hüten soll. Unvorhergesehene Ermattung ist der Beginn von Krankheiten, und es genügt, Leuten, die sich im Lehm und Staub der Palästra (s. § 56) abgemüht haben, eine sanfte Erholung in der beschriebenen Weise zu gönnen, die im Staub Ermüdeten aber muss man am folgenden Tag in Lehm mit einer kleinen Steigerung weiter trainieren. Das jähe Ausspannen nach der Übung im Staub ist nämlich eine schlechte Arznei gegen Ermüdung, da es die Kräfte nicht pflegt, sondern erschlafft. So also dürfte eine kundigere Trainingslehre, die eben die Eigenart der Sportler im Auge hat, geartet sein.

Fazit: Kein Vier-Tage-Zyklus

(54) Ein Beweis gegen den Vier-Tage-Zyklus, den ich (oben § 47) abgelehnt habe, ist auch der Missgriff an dem Ringer Gerenos, dessen Grabmal zu Athen rechts am Weg nach Eleusis steht. Dieser stammte aus Naukratis (in Ägypten) und gehörte zu den besten Ringern, wie seine Siege beweisen, die er im Wettkampf davongetragen hatte. Eben hatte er in Olympia gesiegt, und als er sich zwei Tage darauf für den Sieg belohnte und einige seiner Bekannten bewirtete, wurde er nach der ungewohnten Schlemmerei schlaflos.

ἥκων οὖν τῆς ὑστεραίας ἐς τὸ γυμνάσιον ὡμολόγει πρὸς τὸν γυμναστὴν ὠμός τε εἶναι πονήρως τε ἔχειν πη. ὁ δ' ἠγρίαινέ τε καὶ ξὺν ὀργῇ ἤκουε καὶ χαλεπὸς ἦν ὡς ἀνιέντι καὶ τὰς τετράδας διασπῶντι, ἔστε ἀπέκτεινε τὸν ἀθλητὴν ἐν αὐτῷ τῷ γυμνάζειν ἀγνωσίᾳ, οὐ προειπὼν ἃ γυμάζειν ἔδει καὶ σιωπῶντος.

τοιῶνδε μὲν δὴ τῶν τετράδων οὐσῶν καὶ ὧδε ἀγυμνάστων καὶ ἀπαιδεύτου γυμναστοῦ οὐ μέτρια πάθη· τὸ γὰρ τοιοῦδε ἀθλητοῦ ἁμαρτεῖν τὰ στάδια πῶς οὐ βαρύ; οἱ δὲ ἀσπαζόμενοι τὰς τετράδας τί χρήσονται αὐταῖς ἐς Ὀλυμπίαν ἥκοντες; παρ' οἷς κόνις μέν, ὁποίαν εἴρηκα, γυμνάσια δὲ προστεταγμένα, γυμνάζει δὲ ὁ ἑλληνοδίκης οὐδ' ἐκ προῤῥήσεως, ἀλλ' ἐπεσχεδιασμένα πάντα τῷ καιρῷ, μάστιγος καὶ τῷ γυμναστῇ ἐπηρτημένης, εἴ τι παρ' ἃ κελεύουσι πράττοιτο· κελεύουσι δὲ ἀπαραίτητα, ὡς παραιτουμένοις ταῦτα ἕτοιμον Ὀλυμπίων εἴργεσθαι. περὶ μὲν δὴ τῶν τετράδων τοσαῦτα,

οἷς ἑπόμενοι σοφίαν τε γυμναστικὴν ἐνδειξόμεθα καὶ τοὺς ἀθλητὰς ἐπιῤῥώσομεν καὶ ἀνηβήσει τὰ στάδια ὑπὸ τοῦ εὖ γυμνάζειν.

Als er am folgenden Tag in das Gymnasion (s. S. 14) kam, gestand er dem Trainer, dass seine Verdauung gestört sei und er sich unwohl fühle. Jener aber wurde zornig, hörte es mit Wut und war ungehalten, dass der Sportler aussetzen und den Vier-Tage-Zyklus unterbrechen wollte; schließlich tötete er den Sportler mitten im Training aus Unverstand, da er nicht das Training kommandierte, das angebracht gewesen wäre, selbst wenn jener dazu schwieg.

Sind also der Vier-Tage-Zyklus so geartet und der Trainer so ungeübt und ungebildet, so entsteht kein geringer Schaden! Ist es denn nicht betrüblich, wenn die Stadien einen solchen Sportler verlieren? Und was fangen diejenigen, die für den Vier-Tage-Zyklus schwärmen, mit ihnen an, wenn sie nach Olympia kommen? Dort ist der Staub so, wie ich ihn (§ 11 und 18) geschildert habe, und die Übungen erfolgen nach Kommando; der Hellanodike (s. S. 13) trainiert auch nicht nach Befund, sondern alles ist jeweils improvisiert – selbst dem Trainer droht die Peitsche, wenn etwas gegen ihre Befehle geschieht! Gegen ihre Befehle gibt es aber keine Widerrede, da diejenigen, die sich dagegen auflehnen, von den Olympischen Spielen ausgeschlossen werden können. Soviel über den Vier-Tage-Zyklus.

Wenn wir dies befolgen, werden wir zeigen, dass die Trainingslehre eine Wissenschaft ist (s. § 1) und werden die Sportler kräftigen – ja, die Stadien werden infolge des richtigen Trainings aufblühen!

(55) ἁλτὴρ δὲ πεντάθλων μὲν εὕρημα, εὕρηται δὲ ἐς τὸ ἅλμα, ἀφ' οὗ δὴ καὶ ὠνόμασται· οἱ γὰρ νόμοι τὸ πήδημα χαλεπώτερον ἡγούμενοι τῶν ἐν ἀγῶνι τῷ τε αὐλῷ προσεγείρουσι τὸν πηδῶντα καὶ τῷ ἁλτῆρι προσελαφρύνουσι· πομπός τε γὰρ τῶν χειρῶν ἀσφαλὴς καὶ τὸ βῆμα ἑδραῖόν τε καὶ εὔσημον ἐς τὴν γῆν ἄγει. τουτὶ δὲ ὁπόσου ἄξιον οἱ νόμοι δηλοῦσιν· οὐ γὰρ ξυγχωροῦσι διαμετρεῖν τὸ πήδημα, ἢν μὴ ἀρτίως ἔχῃ τοῦ ἴχνους. γυμνάζουσι δὲ οἱ μὲν μακροὶ τῶν ἁλτήρων ὤμους τε καὶ χεῖρας, οἱ δὲ σφαιροειδεῖς καὶ δακτύλους. παραληπτέοι δὲ καὶ κούφοις ὁμοίως καὶ βαρέσιν ἐς πάντα γυμνάσια, πλὴν τοῦ ἀναπαύοντος.

(56) κόνις δὲ ἡ μὲν πηλώδης ἱκανὴ ἀποῤῥύψαι καὶ ξυμμετρίαν δοῦναι τοῖς περιττοῖς, ἡ δὲ ὀστρακώδης ἀνοῖξαί τε ἐπιτηδεία καὶ ἐς ἱδρῶτα ἀγαγεῖν τὰ μεμυκότα, ἡ δὲ ἀσφαλτώδης ὑποθάλπειν τὰ ἐπεψυγμένα· μέλαινα δὲ καὶ ξανθὴ κόνις γεώδεις μὲν ἄμφω καὶ ἀγαθαὶ μαλάξαι τε καὶ ὑποθρέψαι, ἡ δὲ ξανθὴ κόνις καὶ στιλπνοὺς[1] ἐργάζεται καὶ ἡδίων ἰδεῖν ὡς περὶ γενναίῳ τε καὶ ἠσκημένῳ σώματι. ἐπισκεδαννύναι δὲ χρὴ τὴν κόνιν ὑγρῷ τῷ καρπῷ καὶ διεστῶσι τοῖς δακτύλοις διαῤῥαίνοντα μᾶλλον ἢ ἐπιπάττοντα, ἵν' ἐς τὸν ἀθλητὴν ἡ ἄχνη πίπτοι.

(57) κώρυκος δὲ ἀνήφθω μὲν καὶ πύκταις, πολὺ δὲ μᾶλλον τοῖς ἐπὶ τὸ παγκράτιον φοιτῶσιν.

[1] Von § 56 στιλπνοὺς bis § 58 ξαίνεσθαι ist der Text auch im Codex Laurentianus überliefert; s. S. 24.

Hilfsmittel

Sprunggewicht

(55) Das Sprunggewicht (s. S. 12–13) ist eine Erfindung der Pentathleten, erfunden aber wurde es für den Sprung, von dem es auch den Namen hat; die Satzungen betrachten den Sprung nämlich als schwierigere Sportart und feuern den Springenden mit Aulos-Spiel an und beflügeln ihn mit dem Sprunggewicht, das ein sicherer Führer für die Hände ist und die Füße fest und elegant auf den Boden bringt. Was das aber wert ist, zeigen die Satzungen, die nämlich nicht die Ausmessung des Sprunges gestatten, wenn die Sprungspur nicht tadellos ist. Die länglichen Sprunggewichte trainieren Schultern und Arme, die rundlichen auch die Finger. Leichte wie schwere Sportler sollen sie bei allen Übungen nebenbei verwenden, die Pausen ausgenommen.

Staub und Lehm

(56) Von den Staubsorten ist der lehmige geeignet zur Reinigung und zur Herstellung normaler Verhältnisse bei Überfülle; der Ziegelstaub dient dazu, die geschlossenen Poren zu öffnen und zum Schwitzen zu bringen; der asphaltige Staub hilft, das Verkühlte zu erwärmen. Der schwarze und der gelbe Staub sind beide erdig und gut zum Erweichen und zum Nähren, der gelbe Staub aber verleiht auch Glanz und ist an einem edlen und durchgebildeten Körper schöner anzusehen. Streuen muss man den Staub mit lockerem Gelenk und durchlässigen Fingern, indem man ihn mehr zerstäubt als aufhäuft, damit auf den Sportler der feine Staub fällt.

Stoßsack

(57) Der Stoßsack soll für die Boxer bereithängen, vor allem aber auch für diejenigen, die das Pankration in Angriff nehmen.

ἔστω δὲ κοῦφος μὲν ὁ πυκτικός, ἐπειδὴ καιροῦ γυμνάζονται μόνου αἱ τῶν πυκτῶν χεῖρες, ὁ δὲ τῶν παγκρατιαστῶν ἐμβριθέστερος καὶ μείζων, ἵνα γυμνάζοιντο μὲν τὴν βάσιν ἀνθιστάμενοι τῇ τοῦ κωρύκου ἐπιφορᾷ, γυμνάζοιντο δὲ ὤμους τε καὶ δακτύλους ἐς ἀντίπαλόν τι παίοντες. ἡ κεφαλὴ ἐναραττέτω καὶ πάντα ὁ ἀθλητὴς ὑποκείσθω τοῦ παγκρατίου τὰ ὀρθὰ εἴδη.

(58) εἱληθεροῦσι δὲ οἱ μὲν ἀμαθῶς αὐτὸ πράττοντες ἐν ἅπαντι τῷ ἡλίῳ καὶ πάντες, οἱ δὲ ξὺν ἐπιστήμῃ καὶ λόγῳ οὔτε ἀεὶ καὶ ὁπόσοις λῷον· οἱ μὲν γὰρ βόρειοι τῶν ἡλίων καὶ οἱ νήνεμοι καθαροί τέ εἰσι καὶ εὔειλοι, ἅτε δὴ λευκοῦ ἐκβάλλοντες τοῦ αἰθέρος, οἱ δὲ νότιοί τε καὶ ἐκνεφίαι ὑγροί τέ εἰσι καὶ ὑπερκαοντες, οἷοι ἐπιθρύψαι μᾶλλον τοὺς γυμναζομένους ἢ θάλψαι. τὰς μὲν δὴ εὐηλίους τῶν ἡμερῶν εἴρηκα. ἡλιωτέοι δὲ οἱ φλεγματώδεις μᾶλλον, ἵνα τοῦ περιττοῦ ἐξικμάζοιντο, ἐπιχόλους δὲ ἀπάγειν χρὴ δὴ τούτου, ὡς μὴ πυρὶ πῦρ ἐπαντλοῖτο. καὶ ἡλιούσθων οἱ μὲν προήκοντες ἀργοὶ κείμενοι καὶ πρόσειλοι κατὰ ταὐτὰ ὀπτωμένοις, οἱ δὲ σφριγῶντες ἐνεργοὶ καὶ γυμναζόμενοι πάντα, καθάπερ Ἠλεῖοι νομίζουσι.

τὸ δὲ πυριᾶσθαι καὶ ξηραλοιφεῖν, ἐπειδὴ τῆς ἀγροικοτέρας γυμναστικῆς ἔχεται, Λακεδαιμονίοις ἀφῶμεν,[1] ὧν τὰ γυμνάσια οὔτε παγκρατίῳ οὔτε πυγμῇ εἴκασται. φασὶ δὲ αὐτοὶ Λακεδαιμόνιοι μηδὲ ἀγωνίας ἕνεκεν γυμνάζεσθαι τὴν ἰδέαν ταύτην, ἀλλὰ καρτερίας μόνης, ὅπερ δὴ μαστιγουμένων ἐστίν, ἐπειδὴ νόμος αὐτοῖς ἐπὶ τοῦ βωμοῦ ξαίνεσθαι.[2]

[1] Mit ἀφῶμεν endet der Text im Codex Monacensis; s. S. 24–25.
[2] Mit ξαίνεσθαι endet der Text im Codex Laurentianus; s. S. 24.

Der für die Boxer bestimmte Stoßsack soll leicht sein, da die Hände der Boxer bloß auf die Schlagfertigkeit zu trainieren sind, der der Pankratiasten wuchtiger und größer, damit sie einerseits die Standfestigkeit üben, indem sie sich dem Schwung des Sacks entgegenstellen, andererseits Schultern und Finger, indem sie gegen einen Widerstand schlagen. Auch mit dem Kopf soll der Sportler gegen den Stoßsack rennen und sich überhaupt allen Formen des Pankration im Stehen unterziehen.

Sonnenbad

(58) Es sonnen sich diejenigen, die ohne Verständnis handeln, in jeder Art Sonnenschein und alle ohne Unterschied, die Erfahrenen und Verständigen aber nicht jederzeit, sondern nur, soweit es ihnen gut tut. Bei Nordwind und bei Windstille sind die Sonnenstrahlen rein und wohltuend, da sie aus dem klaren Äther hervordringen, bei Südwind und bedecktem Himmel sind sie hingegen feucht und überheiß, so dass sie die Trainierenden eher erschöpfen als erwärmen. Die Tage mit günstigem Sonnenschein habe ich damit geschildert. Sonnen aber muss man vor allem die Phlegmatiker, damit sie das Überflüssige ausschwitzen; die Choleriker aber müssen davon fern gehalten werden, damit nicht Glut auf Glut gehäuft werde (s. S. 17). Die im Alter Vorgerückteren sollen sich untätig liegend sonnen und den Strahlen ausgesetzt sein, wie um zu rösten, die in Jugendkraft Strotzenden aber in Tätigkeit sein und alles gemäß der Satzungen der Eleer trainieren (vgl. § 11).

Besonderheit in Sparta: Schwitzen und Trockeneinölung

Das Schwitzen und die Trockeneinölung (ohne vorheriges Baden) wollen wir, da dies ein raueres Training angeht, den Lakedaimoniern überlassen, deren (unspezifische) Übungen weder mit dem Pankration noch mit dem Boxen eine Ähnlichkeit haben. Es erklären ja die Lakedaimonier selbst, dass sie diese Sportarten nicht im Blick auf Wettkämpfe üben, sondern bloß der Abhärtung halber, und das passt ganz zu ihrer Geißelung, indem eine Satzung bei ihnen (als Test der Ausdauer) die Auspeitschung am Altar vorschreibt.

Appendix

ΠΑΥΣΑΝΑΣ
Ἑλλάδος περιήγησις

(**5,4,**5) χρόνῳ δὲ ὕστερον Ἴφιτος, γένος μὲν ὢν ἀπὸ Ὀξύλου, ἡλικίαν δὲ κατὰ Λυκοῦργον τὸν γράψαντα Λακεδαιμονίοις τοὺς νόμους, τὸν ἀγῶνα διέθηκεν ἐν Ὀλυμπίᾳ πανήγυρίν τε Ὀλυμπικὴν αὖθις ἐξ ἀρχῆς καὶ ἐκεχειρίαν κατεστήσατο …

(**5,8,**5) … Ἰφίτου δὲ τὸν ἀγῶνα ἀνανεωσαμένου κατὰ τὰ ἤδη μοι λελεγμένα, τοῖς ἀνθρώποις ἔτι ὑπῆρχε τῶν ἀρχαίων λήθη· καὶ κατ' ὀλίγον ἐς ὑπόμνησιν ἤρχοντο αὐτῶν, καὶ ὁπότε τι ἀναμνησθεῖεν, ἐποιοῦντο τῷ ἀγῶνι προσθήκην. (6) δῆλον δέ· ἐξ οὗ γὰρ τὸ συνεχὲς ταῖς μνήμαις ἐπὶ ταῖς ὀλυμπιάσιν ἐστί, δρόμου μὲν ἆθλα ἐτέθη πρῶτον, καὶ Ἠλεῖος Κόροιβος ἐνίκα· εἰκὼν μὲν δὴ οὐκ ἔστιν ἐν Ὀλυμπίᾳ τοῦ Κοροίβου, τάφος δὲ ἐπὶ τοῖς πέρασι τῆς Ἠλείας.

ὀλυμπιάδι δὲ ὕστερον τετάρτῃ καὶ δεκάτῃ προσετέθη σφίσι δίαυλος· Ὕπηνος δὲ ἀνὴρ Πισαῖος ἀνείλετο ἐπὶ τῷ διαύλῳ τὸν κότινον, τῇ δὲ ἑξῆς <ἐπὶ τῷ δολίχῳ> Ἄκανθος <Λακεδαιμόνιος>.

(7) ἐπὶ δὲ τῆς ὀγδόης καὶ δεκάτης ὀλυμπιάδος πεντάθλου καὶ πάλης ἀφίκοντο ἐς μνήμην· καὶ τοῦ μὲν Λάμπιδι ὑπῆρξεν, Εὐρυβάτῳ δὲ ἡ νίκη τῆς πάλης, Λακεδαιμονίοις καὶ τούτοις.

τρίτῃ δὲ ὀλυμπιάδι καὶ εἰκοστῇ πυγμῆς ἆθλα ἀπέδοσαν· Ὀνόμαστος δὲ ἐνίκησεν ἐκ Σμύρνης συντελούσης ἤδη τηνικαῦτα ἐς Ἴωνας.

πέμπτῃ δὲ ἐπὶ ταῖς εἴκοσι κατεδέξαντο ἵππων τελείων δρόμον, καὶ ἀνηγορεύθη Θηβαῖος Παγώνδας κρατῶν ἅρματι.

(8) ὀγδόῃ δὲ ἀπὸ ταύτης ὀλυμπιάδι ἐδέξαντο παγκρατιαστήν τε ἄνδρα καὶ ἵππον κέλητα· ἵππος μὲν δὴ Κραννωνίου Κραυξίδα παρέφθη, τοὺς δὲ ἐσελθόντας ἐπὶ τὸ παγκράτιον ὁ Λύγδαμις κατειργάσατο Συρακούσιος. τούτῳ πρὸς ταῖς λιθοτομίαις ἐστὶν ἐν Συρακούσαις μνῆμα· εἰ δὲ καὶ Ἡρακλεῖ τῷ Θηβαίῳ μέγεθος παρισοῦτο ὁ Λύγδαμις, ἐγὼ μὲν οὐκ οἶδα, λεγόμενον δὲ ὑπὸ Συρακουσίων ἐστί.

Appendix

Pausanias
Beschreibung Griechenlands

(**5**,**4**,5) In späterer Zeit richtete Iphitos, der von Oxylos abstammte und ein Zeitgenosse des Lykourgos war, der den Lakedaimoniern die Gesetze geschrieben hatte, den Wettkampf in Olympia ein und erneuerte auch wieder von Beginn an die Olympische Festversammlung und die *ekecheiria* (s. S. 10) …

(**5**,**8**,5) … Als Iphitos, wie schon gesagt worden ist, den Wettkampf erneuerte, hatten die Menschen bereits die alten Traditionen vergessen; die Erinnerung wurde Stück für Stück wiederbelebt, und dabei fügten sie den Wettkämpfen neue hinzu. (6) Das ist offenkundig, denn als (776 v. Chr.) die ungebrochene Tradition der Olympiaden begann, gab es als erstes Preise für das Laufen, und Koroibos aus Elis war der Sieger. Es gibt zwar in Olympia keine Statue des Koroibos, aber sein Grab liegt an der Grenze nach Elis.

Danach, bei der 14. Olympiade (724), wurde ihnen der Doppellauf hinzugefügt: Hypenos aus Pisa (Olympia) gewann den Olivenzweig im Doppellauf, und beim nächsten Fest (720) siegte Akanthos aus Lakedaimon (Sparta) im Langstreckenlauf.

(7) Bei der 18. Olympiade (708) erinnerte man sich an das Pentathlon und das Ringen. Lampis gewann im ersteren und Eurybatos im zweiteren; beide waren ebenfalls aus Lakedaimon.

Bei der 23. Olympiade (688) richteten sie die Preise für das Boxen wieder ein. Der Sieger war Onomastos aus Smyrna, das damals schon ein Teil von Ionien war.

Bei der 25. Olympiade (680) nahmen sie das Rennen ausgewachsener Pferde an und Pagondas aus Theben wurde zum Sieger im Wagenrennen erklärt.

(8) Bei der 8. Olympiade danach (also der 33.; 648) ließen sie das Pankration der Männer und das Pferderennen zu. Im Pferderennen siegte Krauxidas aus Krannon, und alle, die am Pankration teilgenommen hatten, besiegte Lygdamis aus Syrakus. Für ihn gibt es ein Grabmal bei den Steinbrüchen in Syrakus. Lygdamis glich dem Herakles von Theben an Größe – ich weiß dies zwar nicht, es wird aber so von den Syrakusanern gesagt.

(9) τὰ δὲ ἐπὶ τοῖς παισὶν ἐς μὲν τῶν παλαιοτέρων οὐδεμίαν ἥκει μνήμην, αὐτοὶ δὲ ἀρέσαν σφίσι κατεστήσαντο Ἠλεῖοι.

δρόμου μὲν δὴ καὶ πάλης ἐτέθη παισὶν ἆθλα ἐπὶ τῆς ἑβδόμης καὶ τριακοστῆς ὀλυμπιάδος, καὶ Ἱπποσθένης Λακεδαιμόνιος πάλην, Πολυνείκης δὲ τὸν δρόμον ἐνίκησεν Ἠλεῖος.

πρώτῃ δὲ ἐπὶ ταῖς τεσσαράκοντα ὀλυμπιάδι πύκτας ἐσεκάλεσαν παῖδας, καὶ περιῆν τῶν ἐσελθόντων Συβαρίτης Φιλύτας.

(10) τῶν δὲ ὁπλιτῶν ὁ δρόμος ἐδοκιμάσθη μὲν ἐπὶ τῆς πέμπτης ὀλυμπιάδος καὶ ἑξηκοστῆς, μελέτης ἐμοὶ δοκεῖν ἕνεκα τῆς ἐς τὰ πολεμικά· τοὺς δὲ δραμόντας ἀσπίσιν ὁμοῦ πρῶτος Δαμάρετος ἐκράτησεν Ἡραιεύς.

δρόμος δὲ δύο ἵππων τελείων συνωρὶς κληθεῖσα τρίτῃ μὲν ὀλυμπιάδι ἐτέθη πρὸς ταῖς ἐνενήκοντα, Εὐαγόρας δὲ ἐνίκησεν Ἠλεῖος.

ἐνάτῃ δὲ ἤρεσεν ὀλυμπιάδι καὶ ἐνενηκοστῇ καὶ πώλων ἅρμασιν ἀγωνίζεσθαι· Λακεδαιμόνιος δὲ Συβαριάδης τὸν στέφανον τῶν πώλων ἔσχε τοῦ ἅρματος.

(11) προσέθεσαν δὲ ὕστερον καὶ συνωρίδα πώλων καὶ πῶλον κέλητα· ἐπὶ μὲν δὴ τῇ συνωρίδι Βελιστίχην ἐκ Μακεδονίας τῆς ἐπὶ θαλάσσῃ γυναῖκα, Τληπόλεμον δὲ Λύκιον ἀναγορευθῆναι λέγουσιν ἐπὶ τῷ κέλητι, τοῦτον μὲν ἐπὶ τῆς πρώτης καὶ τριακοστῆς τε καὶ ἑκατοστῆς ὀλυμπιάδος, τῆς δὲ Βελιστίχης τὴν συνωρίδα ὀλυμπιάδι πρὸ ταύτης τρίτῃ.

πέμπτῃ δὲ ἐπὶ ταῖς τεσσαράκοντα καὶ ἑκατὸν ἆθλα ἐτέθη παγκρατίου παισί, καὶ ἐνίκα Φαίδιμος Αἰολεὺς ἐκ πόλεως Τρῳάδος.

(9) Die Wettkämpfe der Knaben haben in der alten Tradition kein Vorbild, vielmehr beschlossen die Leute von Elis selbst, dass sie bei ihnen eingerichtet würden.

Die Preise für die Knaben-Wettkämpfe im Laufen und Ringen wurden bei der 37. Olympiade (632) eingerichtet; Hipposthenes aus Lakedaimon errang den Preis im Ringen, den für das Laufen gewann Polyneikes aus Elis.

Bei der 41. Olympiade (616) führten sie den Knaben-Wettkampf im Boxen ein, und von denen, die antraten, war der Sieger Philytas aus Sybaris (in Unteritalien).

(10) Der Waffenlauf wurden bei der 65. Olympiade (520) eingeführt, wie ich meine, als militärische Übung; der erste Sieger im Rennen mit Schilden war Damaretos aus Heraia.

Das Rennen mit zwei ausgewachsenen Pferden, das man „Synoris" (Zweigespann) nennt, wurde bei der 93. Olympiade (408) eingerichtet, und der Sieger war Euagoras aus Elis.

Bei der 99. Olympiade (384) beschlossen sie, Wettkämpfe für von Fohlen gezogene Wagen einzuführen, und Sybariades aus Lakedaimon gewann den Siegeskranz mit seinem Wagen und seinen Fohlen.

(11) Danach fügten sie Rennen für Wagen und Fohlen-Zweigespanne ein, ebenso für ein einzelnes Fohlen mit Reiter. Für das Wagenrennen und Zweigespann soll Belistiche, eine Frau von der Küste Makedonias, für das berittene Pferd soll Tlepolemos aus Lykia als Sieger ausgerufen worden sein, wobei letzterer bei der 131. Olympiade (256) gesiegt haben soll, Belistiche mit dem Zweigespann bei der dritten davor (also der 128.; 268).

Bei der 145. Olympiade (200) wurden Preise für Knaben im Pankration ausgesetzt; der Sieg ging an Phaidimos, einen Aiolier aus der Polis Troas.

ΣΟΥΙΔΑΣ
s.v. Φιλόστρατος

Φ 421

Φιλόστρατος, Φιλοστράτου τοῦ καὶ Βήρου, Λημνίου σοφιστοῦ, καὶ αὐτὸς δεύτερος σοφιστής, σοφιστεύσας ἐν Ἀθήναις, εἶτα ἐν Ῥώμῃ, ἐπὶ Σευήρου τοῦ βασιλέως καὶ ἕως Φιλίππου. ἔγραψε μελέτας, Ἐπιστολὰς ἐρωτικάς, Εἰκόνας ἤτοι ἐκφράσεις ἐν βιβλίοις δ', Ἀγοράν, Ἡρωϊκόν, Διαλέξεις, Αἶγας ἢ περὶ αὐλοῦ, Ἀπολλωνίου βίον τοῦ Τυανέως ἐν βιβλίοις η', Βίους σοφιστῶν ἐν βιβλίοις δ', Ἐπιγράμματα, καὶ ἄλλα τινά. πλὴν πρῶτος ὀφείλει κεῖσθαι.

Φ 422

Φιλόστρατος ὁ πρῶτος, Λήμνιος, υἱὸς Βήρου, πατὴρ δὲ τοῦ δευτέρου Φιλοστράτου, σοφιστὴς καὶ αὐτός, σοφιστεύσας ἐν Ἀθήναις, γεγονὼς ἐπὶ Νέρωνος. ἔγραψε λόγους πανηγυρικοὺς πλείστους καὶ λόγους Ἐλευσινιακοὺς δ', μελέτας, Ζητούμενα παρὰ τοῖς ῥήτορσι, Ῥητορικὰς ἀφορμάς, Περὶ τοῦ ὀνόματος – ἔστι δὲ πρὸς τὸν σοφιστὴν Ἀντίπατρον – , Περὶ τραγῳδίας βιβλία γ', Γυμναστικόν – ἔστι δὲ περὶ τῶν ἐν Ὀλυμπίᾳ ἐπιτελουμένων –, Λιθογνωμικόν, Πρωτέα, Κύνα ἢ Σοφιστήν, Νέρωνα, Θεατήν, τραγῳδίας μγ', κωμῳδίας ιδ', καὶ ἕτερα πλεῖστα καὶ λόγου ἄξια. ὅτι εἰς τὸν τοῦ Πυθαγόρου βίον ἔγραψε Φιλόστρατος ὁ Λήμνιος τὸν Πυθαγόρα πρέποντα βιόν.

SUDA
Artikel „Philostratos“

Φ 421

Philostratos, Sohn des Philostratos, der auch Verus genannt wurde, des Sophisten aus Lemnos, auch selbst ein zweiter Sophist, wirkte als Sophist in Athen, dann in Rom unter den Kaisern (Septimius) Severus (193–211 n. Chr.) bis Philippus (Arabs, 244–249 n. Chr.). Er schrieb Lehrvorträge, Erotische Briefe, Bilder, d. h. Beschreibungen (von Bildern) in 4 Büchern, Agora, Heroïkos, Diskurse, Ziege oder über den Aulos (die Flöte), Leben des Apollonios von Tyana in 8 Büchern, Leben der Sophisten in 4 Büchern, Epigramme und manche weitere Werke; allerdings sollte man ihn als ersten setzen.

Φ 422

Philostratos der erste, aus Lemnos, Sohn des Verus, Vater des zweiten Philostratos, auch selbst ein Sophist, wirkte als Sophist in Athen, lebte zur Zeit Neros, schrieb sehr viele panegyrische Reden, 4 Eleusinische Reden, Lehrvorträge, Probleme bei den Rednern, Rhetorische Grundlagen, Über das Nomen – dies gegen den Sophisten Antipatros –, 3 Bücher über die Tragödie, Gymnastikos – über das, was in Olympia durchgeführt wird –, Lithognomikos, Proteus, Hund oder Sophist, Nero, Zuschauer, 43 Tragödien, 14 Komödien und sehr viele andere der Rede werte Werke. Zu dem Leben des Pythagoras schrieb Philostratos aus Lemnos das zu Pythagoras passende Leben.

Anhang

Zu dieser Ausgabe

Philostratos' Werk „Über das Training" ist – wie fast alle antiken Werke – nur durch mittelalterliche Abschriften überliefert worden. Erhalten ist allerdings – neben zwei Fragmenten und zwei Zitaten (s. o. S. 24-25) – nur *eine* Abschrift aus dem 14. Jahrhundert n.Chr, die als einzige den (bis auf wenige Lücken) *vollständigen* Text bewahrt (s. die Einführung o. S. 26–28). Der *Codex* galt noch zu Beginn des 20. Jahrhunderts als verschollen (Cunze 1902, S. 6) und kam erst nach Mynas' Tod und nach dem Tod von Mynas' Vertrautem, dem Uhrmacher Henri-Paul Ratel (s. o. S. 27), wieder ans Licht: Ratels Sohn fand die von Mynas entnommenen Seiten sie im Nachlass seines Vaters und verkaufte sie an die Pariser Nationalbibliothek, die sie zusammen mit Minas' zweiter Abschrift als *Codex Parisinus suppl. gr. 1256* inventarisierte und der Forschung zugänglich machte.

Nun konnte man klären, dass der Codex aus dem 14. Jahrhundert stammt, keine Fälschung ist und den Text von Philostratos' Werk über das Training auf den Folien (Blättern) 7 bis 12 bewahrt; erst 1975 wurde dann erkannt, dass der erste Teil des *Codex* noch im Lavra-Kloster auf dem Berg Athos liegt (s. o. S. 27).

Die in der Pariser Nationalbibliothek bewahrten Blätter sind durch einen Wasserschaden schlecht erhalten; deshalb kommt den Abschriften des Minas, aber vor allem den Fragmenten und Zitaten (s. o. S. 24–25) für die Rekonstruktion des Textes weiterhin einige Bedeutung zu. Auf diesen Grundlagen erstellte Julius Jüthner (1866–1945), der seinerzeit an der Universität von Czernowitz (in der heutigen Ukraine) lehrte, 1909 die nach wie vor maßgebliche Edition, auf deren Lesetext (und Einteilung in Paragraphen) auch das vorliegende Buch beruht; Abweichungen aufgrund späterer Erkenntnisse zum Text sind jeweils in den Fußnoten zum griechischen Text verzeichnet.

Im griechischen Text dieser Ausgabe stehen zu tilgende (und deshalb nicht übersetzte) Teile in eckigen, zu ergänzende (und deshalb übersetzte) Teile in spitzen Klammern. In der Übersetzung hinzugefügt sind Überschriften sowie (in runden Klammern) Belege und Erläuterungen auf S. 9–20; die in der Einführung erklärten Tatsachen und Begriffe, die Philostratos bei der Leserschaft als bekannt voraussetzt, werden dabei nicht erneut erläutert.

Zum Weiterlesen

Ausgaben und Übersetzungen des Werks „Über das Training"

Carl Ludwig Kayser: Philostrati de arte gymnastica quae supersunt. Heidelberg: Mohr 1840

Minoide Mynas: Philostrate, Sur la gymnastique. Paris: Bossange 1858

Charles Daremberg: Philostrate, Traité sur la gymnastique. Paris: Didot 1858

Carel Gabriel Cobet: De Philostrati libello περὶ γυμναστικῆς recens reperto. Leiden: Brill 1859

Carl Heinrich Volckmar: Flavii Philostrati de arte gymnastica libellus. Aurich: Spielmeyer 1862

Carl Ludwig Kayser: Flavii Philostrati opera II. Leipzig: Teubner 1871, S. 261–293 (überholt, aber nach wie vor Grundlage der elektronischen Texte im „Thesaurus Linguae Graecae" und in der „Perseus Database")

Friedrich Fedde: Flavius Philostratos, Schrift über die Gymnastik, in: Jahrbücher der deutschen Turnkunst 37, 1891, S. 134–147. 181–187. 241–247. 286–291. 321–331. Wieder in: Georg Hirth: Das Gesamte Turnwesen: Ein Lesebuch für deutsche Turner. Band I, 2. Aufl. hg. v. Rudolf Gasch. Hof: Lion 1893, S. 90–126

Friedrich Cunze: Philostrats Abhandlung über das Turnen (Gymnastikos). (Beilage zum Jahresbericht des Herzoglichen Neuen Gymnasiums) Braunschweig: Meyer 1902

Julius Jüthner: Philostratos über Gymnastik. Leipzig / Berlin: Teubner 1909 (die Übersetzung wieder in Friedrich und Liselotte Fetz: Gymnastik bei Philostratos und Galen. (Studientexte zur Leibeserziehung 4) Frankfurt/Main: Limpert 1969, S. 15–39)

Ludwig Englert / Kurt Schütze: Philostratos, Gymnastik. (Kleine Texte zur Geschichte und Lehrweise der Leibesübungen) Berlin: Weidmann o. J. (1936)

Thomas Woody: Philostratos, Concerning Gymnastics, in: Research Quarterly of the American Physical Education Association 7, 1936, S. 3–26

Vincenzo Noccelli: Filostrato, La Ginnastica. (I classici dell'educazione fisica e dello sport) Neapel: Hermes 1955

Kitriniaris, Konstantinos: Philostratou Gymnastikos. Athen: Patsilinakos 1961

Alessandro Caretta: Filostrato di Lemno, Il manuale dell'allenatore. (Alia 1) Novara: Interlinea Edizioni 1995

Carles Miralles / Francesca Mestre: Filóstrato, Heroico, Gimnástic, Descripciones de cuadros. Biblioteca Clásica Gredos 217. Madrid: Gredos 1996

Paavo Roos: Filostratos, Om Tränarkonsten, Askim: Åströms förlag 2010

Jeffrey Rusten / Jason König: Philostratus, Heroicus. Gymnasticus. Discourses 1 and 2. Cambridge (Mass.) / London: Harvard University Press 2014

Jackie Pigeaud: Philostrate, De la Gymnastique, trad. Charles Daremberg. Arles: Editions Errance 2014

Zu Philostratos und seinem Werk „Über das Training"

Emil Müller: Zu Philostratos peri gymnastikes, in: Wiener Studien N.F. 17, 1866, S. 144–148

Julius Jüthner: Der Gymnastikos des Philostratos. (Sitzungsberichte der kaiserl. Akademie der Wissenschaften, Phil.-hist. Classe, Band 145.1) Wien 1903

Josef Zingerle: Zum Gymnastikos des Philostratos, in: Wiener Studien 54, 1936, S. 153–159

Graham Anderson: Philostratus. Biography and Belles Lettres in the Third Century A.D. London: Croom Helm 1986

Donald F. Jackson: Philostratos and the Pentathlon, in: Journal of Hellenic Studies 111, 1991, S. 178–181

Alain Billault: Le Gumnastikos de Philostrate a-t-il une signification littéraire? in: Revues des Études Greques 106, 1993, S. 142–162

Ludo de Lannoy: Le problème des Philostrate. État de la question, in: Aufstieg und Niedergang der Römischen Welt. Band II 34, 3. Berlin / New York: de Gruyter 1997, S. 2362–2449.

Alain Billault: L'univers de Philostrate. (Collection Latomus 252) Brüssel: Latomus 2000

Jason König: Athletics and Literature in the Roman Empire. Cambridge: Cambridge University Press 2005

Ewen Bowie / Jaś Elsner (Hgg.): Philostratus. Cambridge: Cambridge University Press 2009 (darin S. 251–283 Jason König: Training athletes and interpreting the past in Philostratus' Gymnasticus)

Rory B. Egan: How the pentathlon was won: Two pragmatic models and the evidence of Philostratus, in: Phoenix 61, 2007, S. 458–469

Charles Stocking: Ages of Athletes: Generational Decline in Philostratus' Gymnasticus and Archaic Greek Poetry, in: CHS Research Bulletin 1.2, 2013: http://nrs.harvard.edu/urn-3:hlnc.essay:StockingC.Generational_Decline_in_Philostratus_Gymnasticus.2013

Griechisch-deutsche Ausgaben anderer Werke des Philostratos

Ernst Kalinka / Otto Schönberger: Philostratos, Die Bilder. (Tusculum Bücherei) München: Heimeran 1968

Vroni Mumprecht: Philostratos, Das Leben des Apollonios von Tyana. (Sammlung Tusculum) München / Zürich: Artemis 1983

Kai Brodersen: Philostratos, Leben der Sophisten. Wiesbaden: Marix 2014

Inschriftenpublikationen, auf die zu Philostratos' Leben verwiesen wird

Athen – Benjamin D. Meritt / John Traill: The Athenian Councillors. (The Athenian Agora 15) Princeton: American School of Classical Studies 1974

Erythrai – Helmut Engelmann / Reinhold Merkelbach: Die Inschriften von Erythrai und Klazomenai, Teil 1. (Inschriften griechischer Städte aus Kleinasien 1) Bonn: Habelt 1972

Olympia – Wilhelm Dittenberger / Karl Purgold: Die Inschriften von Olympia. (Olympia: Die Ergebnisse der von dem Deutschen Reich veranstalteten Ausgrabung, Textband 5) Berlin: Asher 1896

Quellen und Darstellungen zum antiken Sport

Johann Heinrich Krause: Theagenes oder wissenschafptliche Darstellung der Gymnastik, Agonistik und Festspiele der Hellenen. Halle: Anton 1835

– Olympia oder Darstellung der großen olympischen Spiele. Wien: Beck 1838

– Die Gymnastik und Agonistik der Hellenen. (Hellenika 1) Leipzig: Barth 1841

Julius Jüthner: Die athletischen Leibesübungen der Griechen. (Sitzungsberichte der Akademie der Wissenschaften, Phil.-hist. Klasse, Band 249.1) Wien 1965

Ingomar Weiler: Der Sport bei den Völkern der Alten Welt. Darmstadt: WBG 1981

Kai Brodersen: Zur Datierung der ersten Pythien, in: Zeitschrift für Papyrologie und Epigraphik 82, 1990, S. 25-31

– Heiliger Krieg und Heiliger Friede in der frühen griechischen Geschichte, in: Gymnasium 98, 1991, S. 1-14 (zur Ekecheiria)

Joachim Ebert: Zur neuen Bronzeplatte mit Siegerinschrift aus Olympia, in: Nikephoros 10, 1997, S. 217-233 (zu den Olympien im 4. Jahrhundert n. Chr.)

Christopher P. Jones: The Pancratiasts Helix and Alexander on an Ostian mosaic, in: Journal of Roman Archaeology 11, 1998, S. 293-298

Ulrich Sinn: Das antike Olympia: Götter, Spiel und Kunst. München: Beck 2004 (3. Aufl. 2007)

Paul Christesen: Olympic Victor Lists and Ancient Greek History. Cambridge: Cambridge University Press 2009

Wolfgang Decker: Sport in der griechischen Antike. Hildesheim: Arete 2012

Ingomar Weiler / Peter Mauritsch / Werner Petermandl / Harry Willy Pleket: Quellen zum Antiken Sport. Darmstadt: WBG 2012

Die in der Einführung gemachten Angaben zum antiken Sport folgen den genannten Werken sowie Artikeln in aktuellen Nachschlagewerken zur Antike.

Zu den frühen Ausgrabungen in Olympia

Abel Blouet: Expédition scientifique de Morée ordonnée par le Gouvernement Français. 3 Bände. Paris: Didot 1831-1838

Ernst Curtius: Olympia. Ein Vortrag im wissenschaftlichen Verein zu Berlin. Berlin: Hertz 1852.

Wolf Graf Baudissin: Gedenkbuch für seine Freunde. Leipzig: Breitkopf und Härtel 1880 (S. 335 zum Besuch mit Curtius 1838)

Zu Konstantinos Minas und Alexandros Rhizos Rhangavis

Rapport adressé à M. le ministre de l'instruction publique par M. Mynoïde Minas, chargé d'une mission en Orient, in: Le moniteur universel, 111.5 (5. Januar), 1844, S. 17–19 (spez. S. 18); auch in: Revue de bibliographie analytique 5, 1844, S. 80-92, spez. S. 87-88)

Henri Omont: Inventaire sommaire des manuscrits grecs de la Bibliothèque nationale et des autres bibliothèques de Paris et des départements. Band 3. Paris: Picard 1898 (S. 305 zu Suppl. gr. 727)

John Edwin Sandys: A History of Classical Scholarship. Band 3. Cambridge: Cambridge University Press 1908 (S. 257 zu Daremberg, 380–381 zu Minas, 382 zu Rhangavis)

Charles Astruc / Marie-Louise Concasty: Catalogue des manuscrits grecs. Troisième partie, Le supplément grec. Band 3. Paris: Bibliothèque Nationale 1960 (S. 495–496 zu Suppl. gr. 1256)

Ludo de Lannoy: L'Athous S. Laurae K 95 et le Parisinus suppl. gr. 1256, in: Scriptorium 29, 1975, S. 59–61

John Vaio: A New Manuscript of Babrius: Fact or Fable?, in: Illinois Classical Studies 2, 1977, S. 173–183

Zum Oktoberfest 1850 in München

Gerda Möhler: Das Münchner Oktoberfest. (Miscellanea Bavarica Monacensia 100) München: Stadtarchiv 1980

Wolf Seidl: Bayern in Griechenland. Die Geburt des griechischen Nationalstaats und die Regierung König Ottos. München: Prestel 1981
Richard Bauer / Fritz Fenzl: 175 Jahre Oktoberfest. München: Bruckmann 1985

Zu den Olympischen Spielen 1859 in Athen

Ioannes E. Chrysaphis: Hoi synchronoi diethneis olympiakoi Agones. Band 1 (Bibliotheke tes epitropes ton olympiakon agonon 3) Athen: Sergiadou 1930
Jean Ketseas: A Restatement, in: Bulletin du Comité International Olympique 83, 1963, S. 56–57
Karl Lennartz: Kenntnisse und Vorstellungen von Olympia und den Olympischen Spielen in der Zeit von 393–1896. (Theorie der Leibeserziehung 9) Schorndorf: Hofmann 1974
Gregorios Daphnis: He politike katastase tes choras kata to 1865 kai to 1866, in: Istoria tou Ellenikou Ethnous, Band 13. Athen: Brabeio Akademias Athenon 1977, S. 237–253
David C. Young: Myths and Mist Surrounding the Revival of the Olympic Games: The Hidden Story, in: Sport ... The third millennium / Le troisième millénaire. Sainte-Foy: Les Presses de l'Université Laval 1991, S. 101–115
– The Modern Olympics: A Struggle for Revival. Baltimore: Johns Hopkins University Press 1996
Wolfgang Decker: Die Olympien des Evangelis Zappas, in: Wolfgang Decker / Georgios Doliantis / Karl Lennartz (Hgg.): 100 Jahre Olympische Spiele: Der neugriechische Ursprung. Würzburg: Ergon 1996, S. 41–59
Konstantinos Georgiadis: Die ideengeschichtliche Grundlage der Erneuerung der Olympischen Spiele im 19. Jahrhundert. (Olympische Studien 4) Kassel: Agon 2000
Anastassios Kivroglou: Die Olympien im 19. Jahrhundert in Griechenland. Dissertation: Deutsche Sporthochschule Köln 2002
– Olympic Revival: The Revival of the Olympic Games in Modern Times. Athen: Ekdotike Athenon 2003
Steve Georgakis: Sporting Links. The Greek Diaspora and the Modern Olympic Games, in: Modern Greek Studies (Australia and New Zealand) 11, 2003, S. 270–278
Ingomar Weiler: The Predecessors of the Olympic Movement, and Pierre de Coubertin, in: European Review 12, 2004, S. 427–443
David C. Young: Evangelis Zappas. Olympic Sponsor of Modern Olympic Games, in: Nikephoros 18, 2005, S. 273–282
Wolfgang Decker: Praeludium Olympicum. (NIkephoros Beiheft13) Hildesheim: Weidmann 2006
- Die Wiederbelebung der Olympischen Spiele. (Peleus 42) Mainz und Ruhpolding: Franz Philipp Rutzen 2008
Wolfgang Behringer: Kulturgeschichte des Sports. München: Beck 2012
Harald Gieß: Bavaria kam einen Tag zu spät. Die ersten „olympischen Spiele" in München, in: (Bayerisches Landesamt für Denkmalpflege) Denkmalpflege Informationen 152, 2012, S. 8–10
Kai Brodersen: Philostratos und das Oktoberfest, in: Gymnasium 121, 2014, S. 375–392 (mit den Belegen für die Angaben in der Einführung S. 21–38)

Karte

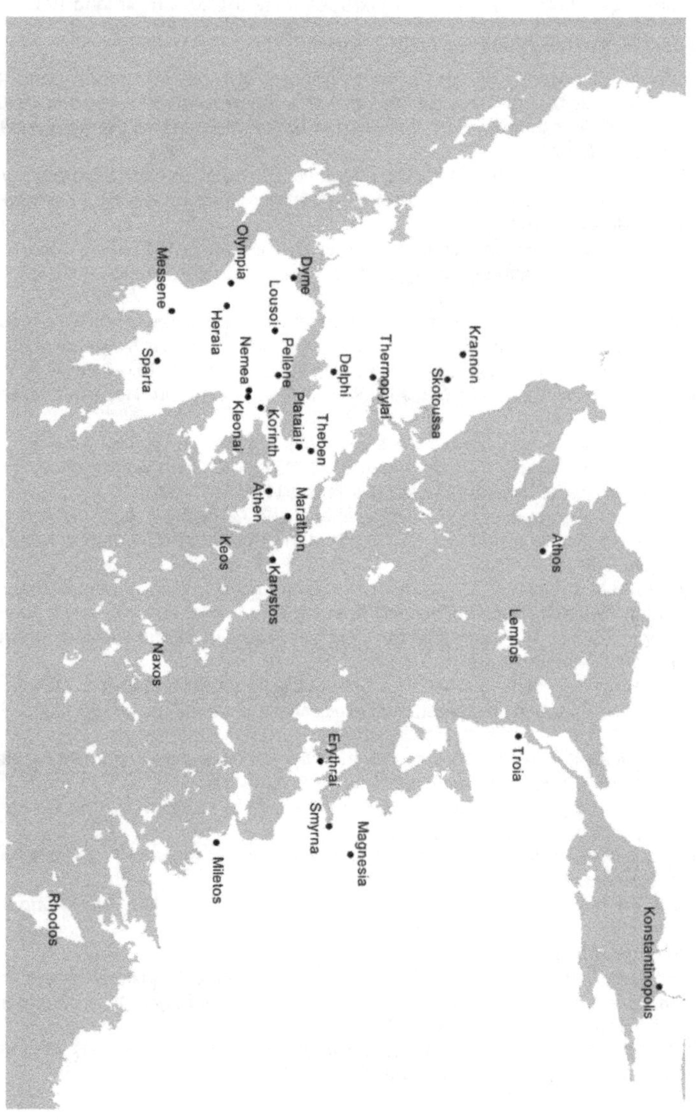
Messene
Olympia
Dyme
Lousoi
Heraia
Sparta
Nemea
Pellene
Delphi
Thermopylai
Krannon
Skotoussa
Kleonai
Korinth
Plataiai
Theben
Athen
Marathon
Keos
Karystos
Athos
Lemnos
Naxos
Erythrai
Troia
Smyrna
Magnesia
Miletos
Rhodos
Konstantinopolis

Register